습관은 반드시 실천할 때 완성됩니다.

좋은습관연구소의 26번째 습관은 1인 회사의 일일 생존 습관입니다. 최근 1인으로 자기 사업을 시작하는 분들이 참 많습니다. 이분들은 회사 다닐 때만 해도 소위 능력자였습니다. 그래서 누구보다도 독립의 갈망이 컸습니다. 하지만 조직 밖을 나와보면 내 능력은 안에 있을 때나 발휘되던 거라는 현실을 깨닫게 됩니다. 그렇게 내 위치를 직시하고 그동안 갖고 있던 자부심도, 자존심도 모두 내려놓습니다. 그런 다음 1인 회사로 일하는 법에 대해 연구하기 시작합니다. 이 책은 이 과정을 겪은 어느 디자이너의 5년의 기록입니다. 이 책을 통해 1인 회사로 생존하기 위해 무엇을 알고 있어야 하는지 살펴보겠습니다.

일인 회사의 일일 생존 습관

1인 회사를
시작했습니다

드디어 선망하던 회사에 취업했다. 그곳은 한국 최초로 CI Corporate Indentity(기업 로고) 프로젝트를 추진하던 곳이었다. 쌍용그룹 CI를 디자인했고 대웅제약, 한국전력 등의 대형 디자인 프로젝트를 수행하던 전통 있는 회사였다. 한국을 대표하는 1세대 디자이너가 창업한 회사로 미술로 유명한 홍익대학교 정문 바로 옆에 사무실이 있었다.

홍대 주변은 내게 친숙한 곳이었다. 재수 생활을 했던

곳이고 나와 같은 젊은 디자이너와 예술가들이 모여드는 곳이었다. 골목 구석구석으로 카페며, 술집이며 자그마한 샵들이 있고 클럽 문화가 활발한 곳이었다. 아티스트들에게 이곳만 한 성지가 없었다. 이곳에서 첫 직장 생활을 하다니, 개인적으로 자부심이 들지 않을 수 없었다.

첫 회사 이후 조금 더 크고 유명한 회사로 점프할 기회를 갖게 되었다. 아쉽지만 홍대와는 이별해야 했다. 옮겨간 회사는 전 직장보다 좀 더 규모가 있는 회사로 대한민국 정부를 대표하는 상징(로고)을 디자인하거나 한국은행, 헌법재판소 등 국가 기관의 브랜딩(디자인) 작업을 도맡아 하던 회사였다. 나는 그곳에서 7년의 시간을 보냈다. 내 직장 경력 중 가장 오랜 다닌 회사였다. 개인으로는 절대 마주칠 일도, 상대할 일도 없을 것 같은 대단한(?) 국가 기관들과 많은 프로젝트를 했다. 지금 생각해 보면 당시 내 수준의 경험과 지식으로 어떻게 그런 일을 할 수 있었나 싶을 정도였다. 그때는 모든 게 미숙하고 모르는 것투성이였다.

정부와 대기업을 주요 클라이언트로 하던 곳이어서

회사에서는 아이디어를 떠올릴 시간을 충분히 주었다. '쪼지' 않는 회사였다. 쏟은 시간만큼 좋은 결과물이 나온다는 철학에 입각해 최소 몇 주 동안은 고민에 고민을 거듭할 수 있게 해주었다. 온종일 형태 하나, 선 하나에 온 신경을 집중해보기도 하고 많게는 한 프로젝트에 100개 이상의 스케치를 해보기도 했다. 그렇게 7년 동안 근무하며 수많은 조형과 아이데이션 연습을 했다. 그때 했던 훈련이 혼자 일하게 된 지금의 튼튼한 기반이 되었음은 당연했다. 지금도 디자인을 할 때면 그때의 연습이 정말 많은 도움이 되었다는 생각을 한다.

디자인팀 소속이었지만 기획팀 일을 도울 때도 많았다. 그러다 보니 디자인 업무도 해야 하고 기획팀 업무도 도와야 하고, 항상 일이 많은 편이었다. 그렇지만 스트레스가 되지는 않았다. 평소 기획자들이 어떻게 생각하고 어떻게 일하는지 궁금했기 때문에, 때로는 자원해서도 기획팀과 밤늦게까지 제안서 준비를 함께했다. 그렇게 준비해서 프로젝트가 수주라도 하게 되면 마치 내 일처럼 기뻤다. 100페이지에 가까운 제안서를 준비하면서 자연스럽게 '기획'이라는 것을 알게 되었다. 차츰 디자이너로서뿐만 아니라 기획자로서 일하는 방법에 대해서도 조금씩 익혀 나갔다. 역시나 이 경험이 독립 후 1인 회사를 운영하는 데 있어 엄청난 도움이 되었다.

두 번째 회사 이후, 나는 중부권에서(충청, 대전) 가장 큰 브랜딩 회사로 또 다시 이직했다. 본사가 지방에 있는 회사였고, 나는 서울 브랜치 책임자로 일했다. 서울 사무실의 책임자로 있다 보니 디자인뿐만 아니라 다른 일도 해야 했다. 덕분에 경험의 폭은 훨씬 넓어졌다. 프로젝트의 방향성 확인부터(영업과 기획의 일이라고 할 수 있다) 직원 채용과 브랜치 운영에 필요한 여러 가지 업무들까지(경영지원의 업무) 이것저것 챙겨야 할 것이 많았다. 그렇게 하나씩 일이 메이킹 될 때마다 보람은 이전 직장에 있을 때보다 더 컸다. 프로젝트의 시작과 끝을 모두 관할한다는 책임자 위치가 부담도 되었지만, 더 열심히 일하고자 하는 자극이 되기도 했다. 그때는 디자이너로 일할 때보다 몇 배나 더 많은 프로젝트를 소화했다.

상대하는 기업도 이전과 많이 달랐다. 그전에는 주로

공공 기관이나 국가 기관이 많았다면, 이번에는 대기업에서 중소기업 그리고 창업 초기의 스타트업 기업까지 다양한 규모를 가진 회사들을 상대했다. 정부 기관들이 매우 신중하게 의사결정을 하고 실제 디자인 적용에도 오랜 시간이 걸렸다면, 이곳에서 만나는 기업 대부분은 대표가 직접 프로젝트를 주도했고 독대하는 자리에서 바로 시안을 설명하고 시안이 채택되는 경우도 많았다. 디자이너라면 알겠지만 제안한 디자인이 빨리 적용되는 것을 보는 것만큼 기쁜 것도 없다.

집채만한 군사용 발전기를 생산하는 회사도 있었고, 손톱만한 작은 반도체 칩을 만드는 회사도 있었다. 그리고 3대째 가업을 이어오는 150년 된 회사는 물론이고, 이제 막 창업한 회사도 있었다. 다양한 일을 하는 대표들을 만나 질문을 하고 답을 듣고, 브랜드에 대한 생각을 듣는 일은 내가 할 수 있는 최고의 공부였다. 자연스럽게 디자인이라는 울타리를 벗어나 사업과 기업이라는 관점에서 좀 더 큰 시선을 갖게 되었다. 그러면서 간접적이나마 경영자의 마음을 짐작해 보고, 경영자처럼 생각해보는 경험을 쌓아갔다.

그렇게 그곳을 마지막으로 직장 생활을 마무리했다. 회사에 무슨 문제가 있거나 나에게 어떤 문제가 생긴 것은 아니었다. 독립에 대한 꿈은 직장인이라면 누구나 갖고 있는 것처럼 나 또한 틈틈이 독립을 생각했고, 서울 지점에서의 근무가 사업 전반을 고민하는 계기가 되었을 뿐이었다. 이는 자연스레 독립에 대한 열망으로 이어졌다. 무엇보다 의뢰를 받아서 진행하는 디자인 대신 내 스스로 아이디어를 내는 디자인을 해보고 싶었다. 생활을 편리하게 해주는 아이디어 상품을 직접 디자인해서 팔아보고 싶은 욕심이 생긴 것이었다. 이는 내 아이디어와 디자인에 대한 자신감이었다.

하지만, 어느 정도 예상은 했지만 독립은 그야말로 세상과 홀로 맞서는 일이었다. 독립한다는 것은 스스로 일을 따오지 않으면 회사가 유지될 수 없다는 것을 뜻했다. 한마디로 그냥 앉아만 있으면 회사도 일도 그대로 멈춰 버리고 열심히 발품을 팔고 사람을 만나지 않으면 어떤 기회도 만들어지지 않았다. 디자인을 잘하고 못하고는 그다음이고, 일 자체를 따오는 것이 중요했다. 그렇지 않으면 생존이 불가능했다. 어떤 날에는 프로젝트 일정이 겹쳐 일이 막 몰렸다가, 또 어떤 날에는 일이 빠지기 시작하면서 오랫동안 일이 없기도 했다.

이러한 불규칙은 그동안 직장인으로서 한 번도 경험해보지 못한 것이었다. 당연한 말이지만 일의 연속성이 유지되어야 회사가 안정화될 수 있고, 그러려면 계속해서 프로젝트가 수주되어야 했다. 수주가 계속되려면 일종의 영업 네트워킹이 필요하지만, 오랫동안 디자이너로만 일해온 나에게 그런 게 있을 리가 없었다. 나는 다른 1인 사업자(혹은 프리랜서)들과 마찬가지로 SNS(소셜미디어)를 이용하기로 했다.

그렇다고 해서 소셜미디어에 무턱대고 "저에게 일을 주세요!"라고 말할 수는 없었다. 그러면 광고 계정으로 치부되어 광고비를 쓰지 않는 한 내 목소리가 뻗어 나갈 수가 없었다. "저는 어떤 사람이고 어떤 생각을 하며 어떤 경험을 하고 있습니다." 이렇게 알리는 것이 더 중요했다. 그래야 그걸 본 사람이 관심을 주게 되고, 여러 사람의 관심이 쌓여야 신뢰가 생기고, 일을 주고받을 기회도 생길 테니 말이다. 그런 생각을 갖고서 나의 전문 지식을 공유하기 시작했다. 그러자 이전보다 훨씬 좋은 반응들이 올라왔다. "잘 봤다, 도움이 되었다." 고마운 마음을 표현하는 분도 많아졌고, 일에 대한 문의와 의뢰도 자연스럽게 늘기 시작했다. 무턱대고 나를 알리는 방식보다 필요한 정보를 제공해주는 방식이 나를 드러내기 더 쉽다는 것을 알게 되었다.

혼자서 일하다 보니 영업뿐만 아니라 각종 문서 작성과 서류 처리 등의 업무도 많았다. 난이도가 높아졌다기보다는 해야 하는 소소한 일이 많아졌다. 그리고 이를 여기저기 물어가며 하나씩 클리어해냈을 때 자신감도 조금씩 쌓이기 시작했다. 이렇게 혼자 알게 되는 것들은 선배나 책으로부터 배우는 것보다는 훨씬 진하고 깊이가 있었다. 일을 잘하는 방법을 넘어 인생을 잘 살아가는 방법을 배우고 있다는 생각마저도 들었다. 월급 받던 직장인에서 내 사업과 삶을 개척해 나가는 사업가로서의 태도 전환 같은 것이었다.

이제 독립 한지 5년 차가 되었다. 완전한 독립을 이루었다고 말할 수 있는지는 여전히 의문이다. 성공을 말하기에는 아직도 많이 부족한 1인 회사의 대표다. 다음 달의 프로젝트 수주 상황과 한 달 동안의 손익계산서를 체크해야 하고, 현재 진행 중인 프로젝트도 고민해야 한다. 머리는 항상 포화 상태다. 하지만 지치지 않고 조금씩 앞으로 나아가려 한다.

지난 5년이라는 시간은 무엇을 만들어 낸 시간이라기보다 내가 진정으로 원하는 게 무엇이었는지, 내가 무엇을 잘하는지, 스스로를 알아가는 시간이었다. 사업적으로 말하자면, 우리 사업이 지향해야 할 것과 욕심은 나지만 포기해야 할 것 그리고 내 실력을 냉철히 파악하는 시간이었다.

책에서는 이런 지난 5년의 과정을 얘기해보려 한다. 돈 많이 벌고 사업에도 성공한 일등 선배 창업가는 아니지만, 조금 먼저 일해본 선배로서 알아 두면 좋을 것들에 대한 생각을 풀어보았다(내가 가슴을 치며 후회하던 것들이라고 해도 무방할 듯하다). 뭔가를 배운다는 마음보다 커피 한잔하면서 누군가의 이야기를 듣는다 정도로 생각해주면 좋겠다. 창업을 고민하는 분들에게 그리고 무엇보다 혼자서 모든 일을 해야 하는 1인 창업가에게 조금의 도움이라도 된다면 더할 나위가 없겠다.

차례

1

비전
매뉴얼부터

1인 회사를 선언하고 제일 먼저 해야 하는 일은 우리 회사의 정체성부터 확립하는 것이다. 이는 그동안 내가 해온 브랜드 개발과도 크게 다르지 않다. 보통 브랜드 개발은 기본 컨셉을 디자인하는 것부터 시작해서 이를 활용한 응용 디자인을 마지막으로 한다. 그러면 최종적으로는 브랜드 디자인 쓰임새를 규정하는 '브랜드 매뉴얼'이 만들어진다.

브랜드 매뉴얼에 수록되는 내용은 기본 편과 응용 편 이렇게 두 가지로 구분된다. 기본 편에는 브랜드의 비전과 미션에 대한 주요 개념과 브랜드 로고, 형태, 색상, 결합 방법 등 디자인의 가장 기본적인 설명이 들어간다. 그리고 응용 편에는 기본 편을 기반으로 홍보물과 사인물을 어떻게 디자인하고 컨셉을 어떻게 응용하고 적용할 지를 설명한다. 매뉴얼이 필요한 이유는 브랜드의 일관성 있고 체계적인 사용을 위해서다. 이 과정은 앞으로 설명하고자 하는 1인 회사의 정체성을 만드는 것과도 똑같다.

한 회사 안에서도 워낙 많은 사람이 브랜드와 관련된

일을 하다 보니, 충분히 숙지했다고는 하나 각자가 이해하는 방식에 따라 수많은 버전이 만들어지기도 하고, 이러한 미세한 차이가 통일감 없는 제 멋대로의 브랜드를 만들어 버리기도 한다. 그래서 까딱 잘못했다가는 브랜드에 가졌던 그동안의 호감과 신뢰마저도 단번에 잃어버리게 된다. 이런 상황을 예방하기 위해서라도 브랜드 매뉴얼은 꼭 필요하다.

브랜드 매뉴얼은 마치 제국(브랜드 나아가 회사)을 운용하는 법전과도 같다. 즉, 브랜딩에 필요한 실행 지침이고 원칙이고 규율이다. 매뉴얼의 존재는 고객에게 브랜드에 관한 올바른 인식을 갖게 만드는 것이 최종 목표지만, 회사 내부적으로는 브랜딩 개념을 다시금 확인하고 서로간에 미묘하게 달랐던 감성과 코드를 하나로 통일하는 도구로도 쓸 수 있다. 사실 이 점이 브랜드 매뉴얼로서 더 중요한 의의를 갖는다. 외부 고객에게 혼란을 주지 않기 위한 것도 있지만, 내부 고객인 직원들 사이에 공통된 생각을 하기 위함이다.

잘 정리된 매뉴얼은 회사의 방향성과 비전을 담고 있

다. 그래서 사업을 하다 방향이 헷갈릴 때나 주위의 여러 유혹으로부터 사업이 흔들릴 때 그리고 처음의 열정이 식었을 때 매뉴얼을 다시 보면서 초심을 다시 다질 수 있다. 창업 회사라면 "브랜드 = 회사 이름"인 경우가 많기 때문에 "브랜드 매뉴얼 = 회사의 비전 매뉴얼"로 해석해도 무방하다. 나는 오랫동안 여러 기업들과 브랜딩(이름부터 디자인까지 브랜드 개발과 브랜드를 고객에 인식시키기 위한 기타 활동들에 대한 기획과 디자인) 작업을 했다. 그래서 퇴사하고 내 회사를 시작할 때도 당연히 우리 회사의 브랜드 매뉴얼을 떠올렸다.

브랜드 매뉴얼을 만들기 위해서는 세 가지 질문부터 해야한다. "나는 왜why 이 일을 하는가?" "나는 어떤what 일을 할 것인가?" "나는 어떻게how 일할 것인가?" 이건 말 그대로 우리 회사는 왜 이 일을 하고, 이 일은 무엇이며, 어떻게 할 것인지 묻는 질문이라 할 수 있다. 질문 자체는 간단하지만 대답하기는 굉장히 어렵다. 만약 당장에라도 이 질문에 막힘없이 대답할 수 있다면, 비전 매뉴얼 따위는 필요 없을지도 모른다. 하지만 창업가라면 반드시 한 번은 거치는 것이 좋다. 그리고 비전 매뉴얼 작성에는 정답이 있는 것도 아닌 만큼 앞으로 펼쳐 나갈 사업의 미래를 머릿속으로 그려 본다고 생각하고, 스케치하는 기분으로 써내려 가는 것이 중요하다. 내 사업의 비전을 펼쳐 가기 위한 친절한 가이드라는 것도 잊지 말아야 한다.

그럼 하나씩 찬찬히 살펴보자. "나는 왜 이 일을 하는가?"는 사업과 일을 하는 의미를 묻는 질문으로 왜 이 일을 선택하게 되었는지, 어떤 비전을 품고 여기까지 왔는지, 왜 중요한지 등을 스스로에게 하는 질문이다. 세상에는 수많은 일이 있는데 왜 나는 하필 이 일이어야 하는지, 스스로 그 이유를 밝히는 질문이다. 만약 사업의 이유를 속 시원하게 말하지 못한다면 거꾸로 고객들이 나에게 물을 것이다. "당신이 이 일을 꼭 해야 하는 이유는 무엇인가요?" "당신이 이 비즈니스에서 존재하는 이유는 무엇인가요?" 질문에 대한 답은 사업의 비전, 미션, 핵심 아이덴티티에 해당한다. 나는 이 질문을 놓고서 그동안 쌓아 왔던 나의 브랜드와 디자인에 대한 전문성을 살폈다. 그런 다음 고객의 비즈니스에 도움을 주고 세상과 사람들의 삶을 변화시키고 싶다는 이유를 썼다. 좀 거창하고 두리뭉실한가? 그럼 두 번째 질문으로 넘어가 조금 더 좁혀 보자.

두 번째 질문은 "나는 구체적으로 어떤 일을 할 것인가?"이다. 첫 번째 질문을 통해서 왜 일하는지에 대한 이유는 알았다면, 그다음은 어떤 차별점을 가지고서 무슨 일을 할 것인가, 이다. 대부분의 독립 사업자들을 보면 첫 번째 질문에 대한 답은 쉽게 하지만, 두 번째 질문에 대해서는 쉽게 답하지 못한다. 이는 내가 어떤 차별점과 경쟁력을 갖고 있는지 주변 상황이나 환경 등을 고려해야 하기 때문이다. 그리고 나는 차별점이라 생각하지만, 남들은 그렇게 생각하지 않는다면 그 또한 올바른 답이 될 수 없다. 내 경우 브랜딩 관련 일을 하는 것에 대한 이유는 명확한데, 브랜딩 서비스 중 어떤 것으로 남들과 다른 차별점을 강조할지를 쉽게 정하지 못했다. 결국, 고민 끝에 스토리를 중심에 두어야겠다고 생각했다 (실제로 이런 생각을 하게 된 것은 창업 후 3년 정도가 지난 시점이었다. 비전 매뉴얼은 적어도 1년에 한 번씩은 다시 들여다 보며 사업의 방향성을 점검하도록 해야 한다.). 예쁘게 그려준 다음 "앞으로 CI는 이걸로 쓰세요"라고 제안만 하는 게 아니라 CI가 나오게 된 배경 이야기를 브랜드와 결부시 켜 설명해줌으로써 고객은 물론이고 내부 직원들도 자 신의 브랜드 연원과 탄생 배경을 상세히 이해한다는 전 략이었다. 이 정도의 스토리텔링을 짜서 제공할 수 있다 면, 기존의 브랜드 디자인 서비스를 제공하는 회사들과 차별화할 수 있다고 생각했다. 일종의 약식 브랜드 컨설 팅까지도 염두한 서비스였다. 이 생각은 창업하고 5년이 지난 지금 스토리를 기반으로 한 회사 소개서 제작 서비 스로까지 확대되었다.

마지막 세 번째 질문인 "나는 어떻게 일할 것인가?"는 좀 더 구체적인 행동에 대한 질문으로 실행에 대한 설명 이 나와야 한다. 프로젝트를 진행하면서 일의 범위와 영 역을 어떻게 할 것인지, 협업은 누구와 할 것인지, 일의 프로세스는 어떻게 할 것인지 등이 이 질문으로 정리되 어야 한다. 당장 세세하게 답을 낸다는 것이 쉬운 일은 아니지만, 초안을 잡고서 그 방법대로 일하다 보면 계속 교정되고 업그레이드가 된다. 그래서 꼭 정리해볼 필요가 있는 질문이다. 나는 처음에 일의 범위를 제한하지 않고 영상이든 공산품이든 한정하지 않고 일을 시작했다. 프로젝트 성격에 맞는 다양한 분야의 창작자들과 함께 일한다는 걸 염두에 둔 결정이었다. 그러면 1인 회사지만 마치 여러 명이 있는 회사처럼 퍼포먼스를 낼 수 있을 거로 생각했다. 하지만 실제 업무가 진행되고 현장에서 일을 하나씩 해나가면서는 욕심이라는 것을 알게 되었다. 관련해서 내가 어떤 시행착오를 하게 되었는지는 뒤쪽에서 다시 다룰 예정이다.

지금까지 왜, 무엇을, 어떻게 라는 총 세 개의 질문으로 간단하게나마 브랜드(비전) 매뉴얼을 만드는 과정을 살펴보았다. 지금도 첫 장표를 띄워 놓고 며칠씩 고민하던 때가 생각난다. 미래를 그린다는 생각에 자다가도 벌떡 일어나 아이디어를 메모했던 기억도 난다. 그만큼 미래를 계획하는 일은 신나고 흥분되는 일이다. 그리고 매뉴얼에 썼던 계획들이 지난 5년 동안 하나둘 실제로 이뤄지고 있는 것을 경험하는 것은 더 신기한 일이다.

회사를 시작한다면, 혼자든 둘이든 간에 회사의 비전 매뉴얼을 만들어 보는 것을 권한다. 위의 세 가지 질문에 대해 나의 답을 정리해서 문서로 만들어 두는 것이다. 사업 초기에 이를 정리해두면 좋은 이유가 사업 시작 전, 내가 가야 할 명확한 목표와 나만의 경쟁력 등을 좀 더 냉철하게 고민하는 기회가 되기 때문이다. 그리고 수시로 꺼내들고 다시 점검하며 방향을 고민하는 것이 필요하다.

깊은 고민은 더 나은 답을 주기 마련이다. 내가 생각한 답을 미래에 대입시켜 맞는지 틀리는지 구체적으로 따져볼 수 있다. 이 일이 당장 돈을 벌고 프로젝트 수주에 도움을 준다고 말하기는 어렵다. 하지만 비전 매뉴얼로 정리한 내용은 무의식 속에서도 내 사업의 방향성을 잃지 않도록 도와준다.

2

처음부터
끝까지

어떤 일을 처음부터 끝까지 혼자 마무리해보면 그 이전과는 완전히 다른 차원의 관점이 생긴다. 처음 운전대를 잡으면 차 문을 여는 순간부터가 긴장이다. 운전석에 앉는 것도 어색하고, 스타트(시동) 버튼은 어디에 있는지도 고개를 숙여 한 번 더 살피게 된다. 운전대 아래 액셀과 브레이크를 보면서는 주행 중 헷갈리면 어쩌지 하고 걱정을 하기도 한다. 그리고 주행에 들어가면 사이드미러를 볼 여유도 없다. 그냥 앞만 보고 달리게 된다. 동승한 사람의 목소리도 들리지 않는다. 당연히 음악은 오프 상태다. 목적지에 도착해서는 주차라는 최대 난관을 맞이한다. 차가 들어서는 각도를 계산하고 핸들을 돌리고, 앞뒤로 왔다 갔다를 수차례 한 다음 겨우 주차선에 맞춰 차를 위치시킨다. 이 모든 과정을 마치고 나면 그야말로 기진맥진한 상태가 된다.

하지만 이렇게 출발, 주행, 주차의 과정을 혼자 힘으로 몇 번 하고 나면, 운전자는 이전과는 완전히 다른 드라이버가 된다. 손과 발이 체득한 운전은 점점 몸이 기억하는 단계가 되고, 나중에는 의식하지 않은 상태에서

몸이 알아서 움직이는 수준에까지 이르게 된다. 중요한
것은 단계마다 오로지 혼자 힘으로 해야 한다는 것이다.
누구의 도움도 없이 부족하더라도 내 손과 머리로 해보
는 게 핵심이다. 모든 단계를 다 해냈는데 주차만 다른
사람에게 맡기거나, 고속도로 주행이 두려워 그 과정만
피하는 건 독립적인 운전자의 모습이 아니다. 이처럼 혼
자서 모든 것에 익숙해져 마치 몸이 기억하는 습관의 단
계가 1인 회사가 가야 할 길이다.

　혼자서 모든 것을 해야 한다는 것은 어찌 보면 피하고
싶어도 피할 수 없는 경험이기도 하다. 누구의 도움 없
이도 독립된 객체로서 전체 프로세스를 진행하고 무사
히 해내야 하는 것이 1인 회사이기 때문이다. 브랜딩 프
로젝트에서도 목표를 정하고 브리핑과 미팅을 하고, 브
랜드 컨셉과 스토리를 고민하고, 브랜드 디자인 기획과
리서치를 한 다음, 디자인 스케치 및 아이데이션을 하
고 프레젠테이션을 하는 단계를 홀로 진행한다. 프레젠
테이션 후에는 선정된 안을 발전시키거나 보완 보충을
하고 최종 디자인을 확정한다. 그리고 디자인 사용에 대

한 가이드를 담은 브랜드 가이드북까지 정리한다. 1인 회사라면 이 과정을 혼자서 깔끔하게 마쳐야 한다. 이처럼 혼자 일한다는 것은 수많은 과정을 홀로 판단하고 홀로 결정하는 것을 뜻한다. 그러나 처음부터 완벽하게 혼자 해내기는 어렵다. 브랜딩 앞 단계에서 유능한 브랜드 컨설턴트나 기획자가 함께 할 수도 있고, 디자인 부분도 브랜드의 성격에 따라 전문 디자이너가 도와줄 수도 있다. 그렇지만 이 과정을 직접 하든 팀을 짜서 조율하든 결국은 혼자서 전체를 조망하며 할 줄 알아야 한다. 이 경험을 자꾸 하는 것이 중요하다. 그래야 점점 더 큰 일도 맡을 수도 있고, 일을 보는 시야도 넓어진다.

일의 처음과 끝을 혼자서 직접 해 보는 경험은 출발과 주차까지 운전을 혼자 해보는 것과도 같다. 어느 길로 운전해야 목적지에 빨리 갈 수 있는지, 주차 공간을 보고서 전방 주차를 할지 후방 주차를 할지 생각하는 것처럼, 처음부터 끝까지 해본 경험이 뒤에 있을 수많은 일을 계획할 수 있도록 도와준다. 이런 것이 종합적으로 고려되어야 완성도 있는 결과물을 내놓을 수 있다. 마치

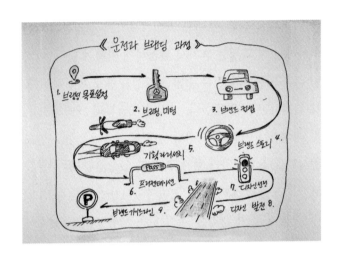

운전이든 브랜딩이든 처음부터 끝까지 해보는 과정을 거쳐야 진정한 독립이라
할 수 있다.

프로젝트의 첫 번째 단계를 시작하면서 마지막 단계를 상상하는 것과도 같다. 희미한 안갯속에서 눈앞에 보이는 장애물만을 넘는 것이 아니라 안개 너머의 상황까지도 생각하는 것이다.

어떤 프로젝트를 처음부터 끝까지 혼자서 해 볼 수 있다는 것은 1인 회사로서 가장 큰 도전이자 성장의 동력이다. 이는 내가 하는 일에만 국한된 얘기도 아니다. 어떤 일을 하든 일의 처음부터 끝까지를 경험해보는 것은 일의 주도권을 잡는 일이다. 일의 흐름을 알고, 주도권을 잡고 있어야 진짜 독립이라 할 수 있다.

3

폭보다는
깊이

내가 오랫동안 해온 일은 브랜딩 업무 중에서도 브랜드 디자인이다. 브랜드 디자인이란 기업이나 브랜드의 아이덴티티를 정립하고 디자인 시스템을 구축하는 작업이다. 브랜드 로고를 만들고 이를 명함이나 홍보물 등으로 적용해 전체적인 디자인 시스템을 만드는 일이다.

이 일을 하다가 어느 순간 디자인 영역에 꼭 한계를 지을 필요는 없겠다는 생각을 했다. 아이디어만 있다면 내가 직접 제품을 기획하고 디자인도 할 수 있지 않을까 하는 생각이 들었다. 시각 디자인에만 갇히지 않고 제품 디자인으로까지 확장한다면 내 능력도 따라서 올라갈 것 같다는 생각이 들었다. 급기야 내 아이디어를 세상에 내놓고 평가를 받고 싶어졌고 제품을 기획하고 디자인하는 사업가를 꿈꾸기 시작했다.

그때 생각했던 아이디어 몇 가지가 이런 것들이었다. 세계 각지의 수프를 간편하게 맛볼 수 있는 전문 캔 브랜드, 공유 공간을 멋스럽게 나눠줄 파티션 제품, 마스크가 일상이 된 상황에서 향기나는 마스크까지. 아이디어를 내고 제품 기획까지 끝낸 것이 몇 가지나 되었지만 어떤 아이템은 기존 제품과의 유사성 때문에, 어떤 제품은 제작비와 판매가의 수지가 맞지 않아서, 이런저런 이유로 "이건 안되겠다"하는 것들이 생겨났다. 무엇보다 아무리 뛰어난 제품이라 하더라도 양산, 유통, 홍보, 판매로 이어지는 일련의 과정을 해내지 못하다면 아무 소용이 없었다. 디자인 외에는 다른 경험이 없던 내가 성공이 보장된 일도 아니고 성공을 한다 하더라도 수익이 회수되기까지 제법 오랜 시간이 걸릴 게 뻔한 일에 함부로 나설 수 없었다. 그리고 변변한 수입 없이 버텨 낼 수 있을지도 의문이었다.

생각이 여기에까지 이르자 일단은 지금까지 해왔던 브랜드 디자인 일에 집중해야겠다는 생각을 했다. 일보 후퇴였다. 결과적으로 독립의 결정적 이유가 됐던 제품 개발 엔진을 멈추고, 원래 해오던 브랜딩 엔진을 다시 가동했다. 십여 년 넘게 해온 브랜드 디자인 업무의 관성을 깨고 완전히 새로운 일을 하기에는 위험 부담도 있고 막연하기도 했고, 한마디로 사업을 하기에 아직 준비가 덜 되었다는 것을 인정하지 않을 수 없었다.

다행히 브랜드 디자이너로서 쌓아온 십여 년의 경력은 소개에 소개를 받아 일거리를 얻는 등 먹고살 수 있을 정도의 생활비는 벌충할 수 있었다. 일단은 끊어지지 않고 일을 할 수 있는 것 자체가 감사한 일이었다. 그렇게 1인 회사를 시작하고 3년 차가 되자 어느 정도 안정이 되어갔다. 이제는 조금 다른 일에 도전할 여유도 생기기 시작했다. 그래서 원래 하고 싶었던 제품 기획과 개발까지는 아니지만 브랜드와 관련해 로고와 이를 활용하는 응용 디자인 그리고 홍보 인쇄물이나 웹 게시물, 영상, 공간 디자인, 간판 디자인 정도는 해보고 싶어졌다. 위로는 브랜드 스토리나 전략을 두고, 아래로는 개별 상품 디자인을 두는 식으로 전략, 스토리, 디자인 전 영역에 걸쳐 일해 보고 싶었다. 브랜딩 서비스를 제공하는 회사가 공간디자인, 영상디자인, 웹디자인까지 포괄적으로 처리하는 것은 당연히 할 수 있는 일이고, 앞으로 해야 하는 일이라고 생각했다.

때마침 국내 한 IT 대기업으로부터 신규 사업의 브랜드 디자인과 홍보 영상, 공간 사인Sign 디자인을 해줄 수 없겠느냐는 제안을 받았다. 영상이나 사인 디자인 경험은 부족하지만 잘 끝낸다면 회사를 알릴 수 있는 기회라 생각했다. 하지만 일이 시작되자마자 이런저런 문제가 하나씩 등장했다. 공간 사인의 경우 실제 제작이나 시공까지의 경험은 없지만 여러 일을 해오면서 눈썰미로 봐둔 것이 있어서 별 문제 없이 해낼 수 있었다. 그런데 문제는 홍보 영상이었다. 브랜딩 차원에서 홍보 영상을 만들겠다고 고객사를 설득해서 시작한 일이고, 당연히 그런 맥락을 대입하면 쉽게 풀릴 거로 생각했는데 잘못된 판단이었다.

생전 처음 해보는 일은 나를 혼란에 빠트렸다. 한마디로 처음과 끝이 그려지지 않았다. 그러니 영상 제작사와 클라이언트 사이에서 제대로 된 PD 역할을 수행하기가 어려운 건 당연했다. 방향은 얼추 맞게 잡은 것 같은데 실제 진도는 더디기만 했다. 무엇보다 영상 제작 전 과정을 해보지 않았기 때문에 심리적으로 상당한 부담과 불안감을 가질 수밖에 없었다. 경험이 없다 보니 제작사를 이끌 수도, 클라이언트를 자신 있게 설득할 수도 없었다. 일은 계속 꼬였다. 일을 하다 그렇게 막막하고 답답한 심정은 처음이었다.

영상 분야에도 기획과 스토리를 관여하는 PD, 비주얼을 관할하는 아트디렉터의 역할을 하는 PD가 따로 존재한다는 것을 그때 처음으로 알게 되었다. 그리고 내가 해야 하는 일이 영상의 방향성을 제안하고 조율하는 총괄 PD의 역할이라는 것도 그때 처음으로 알았다. 제작사만 믿고 살짝 물러서려고 했던 게 치명적 실수였다. 늦게라도 문제를 깨닫고 영상을 기획하고 비주얼 컨셉을 잡고 스토리의 흐름을 구성하는 일에 적극 참여했다.

처음 하는 일이라 쉽지 않았지만 하다 보니 조금씩 자신감이 붙기 시작했다. 내 생각을 명확히 제작사에 전달하고, 클라이언트의 요구 사항도 전달했다. 그렇게 한 달을 예상했던 프로젝트는 무려 석 달이나 걸려 마무리가 됐다. 불과 3분짜리 영상이 이렇게 길고 험난한 작업이 될 줄은 몰랐다. 1시간 예능 방송을 위해 하루 종일 촬영을 하는 것처럼 제작사 입장이 되어보니 3분 길이의 영상물은 마치 열두 시간의 다큐멘터리를 찍는 것과 같았다.

영상 프로젝트 이후, 브랜딩과 함께 진행했던 웹사이트 디자인 건도 비슷하게 흘러갔다. 웹은 개발과 서버에 대한 지식이 필수적인데, 나는 그것을 컨트롤 할 능력이 없었다. 그사이 고객사와 제작사 간 감정 충돌까지도 발생하는 등 내가 괜한 욕심을 부려 사서 고생을 하는구나 싶은 생각이 들었다. 우리 회사 웹사이트를 직접 디자인하고 구축해본 경험으로 이 일도 어렵지 않게 할 수 있을 거로 생각했는데, 일을 수주해서 서비스하는 것과는 차원이 다른 일이었다.

결과적으로 이 일을 겪으며 한 가지 확실하게 깨달은 것이 있었다. 바로 '토털total'에 대한 생각이었다. 토털이 듣기에는 좋다. 한 번에 모든 걸 해결해주는 서비스이니 당연히 좋다. 고객사 입장에서도 너무 편하고 좋은 말이다. 하지만 그걸 현실에서 구현하는 것은 결코 쉬운 일이 아니다. 더군다나 1인 회사 입장에서 다양한 영역의 전문 지식을 혼자서 다 갖고 있을 수는 없는 노릇이고, 외부 자원을 활용해 조율자 역할을 하며 일을 할 수밖에 없는데, 유경험자가 아닌 이상 그 과정이 쉬울 리가 없다. 차라리 그 시간에 잘하고 있던 일의 전문성을 고도화하는 게 더 나았을지도 모른다.

할리우드의 영화 제작 시스템에서는 새로운 영화를 찍을 때마다 각 분야의 최고 선수들을 데리고 와서 팀을 새롭게 꾸린다고 한다. 영화에 맞는 배우, 촬영팀, 조명팀, 미술팀 등 각 분야의 최고 팀들을 모아 새로 만들어지는 영화에 맞게 세팅을 한다. 우리 회사가 가야 할 방향성도 할리우드의 전문팀처럼 스페셜리스트가 되는 것이다. "뭐든 합니다"가 아니라 "이것만 합니다"하는 스페셜리스트가 중요하다. 그런 점에서 우리 회사는 "브랜딩에 필요한 모든 디자인을 서비스합니다"가 아니라 "브랜드의 정체성과 스토리를 짜고 그와 관련한 디자인을 합니다"라고 좁히는 게 더 맞다.

일의 폭을 넓히는 것보다는 '깊이를 다지는' 것이 좀 더 내실 있는 회사를 만들 수 있게 도와준다. 그래야 고객을 얻고, 고객의 인식 속에 좀 더 깊은 인상을 남길 수 있다. 1인 회사라면 절대 잊어서는 안 되는 얘기다.

4

단순함은
생명

잘 아는 사람일수록 단순하게 말하고 명확하게 말한다. 일 잘하는 사람도 마찬가지다. 단순하고 쉽게 일한다. 복잡해 보이는 문제도 간결하게 정의한다. 복잡한 과정을 거친다 하더라도 결과를 보면 단순 명확하다. 그런데 이 정도가 되려면 그 일을 누구보다 잘 알고 넓게 보고 있어야 한다.

좋은 디자인도 대개는 단순하다. 생각하지 않고 그냥 봐도 디자인이 전하고자 하는 바를 바로 느낄 수 있다. 여러 장치와 도구를 쓰더라도 하나의 단순한 원리로 정리되고 완성된다. 단순함은 디자인뿐만 아니라 회사 운영에도 중요하다. 특히 1인 회사의 경우 자원이 많지 않기 때문에 단순함은 습관처럼 자리잡혀 있어야 한다. 당연히 사업의 개념이나 범위도 단순해야 한다. 복잡한 설명이 필요해서는 안 된다. 단 몇 마디만으로도 어떤 사업을 하는지, 앞으로 어떤 사업을 하려고 하는지 금방 알 수 있어야 한다.

처음 회사를 시작할 때는 다른 회사와 어떻게든 달라 보이고 싶다는 생각에 '아이디어 컴퍼니' 라는 태그라인을 붙였다. (태그라인은 통상 브랜드 로그에 항상 따라붙는 것으로 브랜드의 정체성을 말한다. 슬로건과 유사할 수 있으나 슬로건은 마케팅 전략이나 트렌드에 따라 바뀌는 것이고 태그라인은 고정적이다.) 그런데 '아이디어'라는 개념이 워낙 넓다 보니 오히려 회사 정체성이 헷갈렸다. 회사가 하는 일에 대한 오해는 물론이고, 회사 이름을 BRIK이 아니라 Idea Company로 잘못 부르는 사람도 많았다. 문제가 있다고 판단하고 'Branding Idea Builder'라는 새로운 태그라인을 적용했다. 아이디어 앞에 Branding이라는 수식을 통해 하는 일이 무엇인지 분명히 하고, 뒤에는 Builder라는 정체성을 뜻하는 단어를 붙였다. 글자 수는 많아졌지만, 뜻은 좀 더 좁아지고 단순해졌다.

파트너들(협력사, 외주사)과의 협업도 온라인 위주로 커뮤니케이션하는 요즘, 단순하고 명확함은 필수 사항이다. '무엇을' '언제까지'가 선명해야 한다. 그렇지 않으면 언제 올지 모르는 답을 무한정 기다려야 하고, 상대도 무의식적으로 일을 미루게 된다. 매번 작은 일까지 일정이 어떻게 되느냐 묻는 것이 마치 독촉하는 것처럼 느껴

BRIK

우리 회사 '브릭'의 로고 디자인. 브랜드의 기반이 되는 견고하고 체계적인 브랜딩 서비스를 제공하고자 하는 정신을 담아낸 문자형 로고다. 로고 타입 그대로 브릭만의 영문 전용 서체를 개발해 사용하고 있다.

질까봐 꺼려지기도 하지만, 그렇게 해줄 때 상대도 자기 스케줄링을 잘할 수 있다. 그래서 압박을 주지 않는 선에서 일정을 정하고, 정해진 일정은 반드시 서로가 지키는 노력을 해야 한다.

요즘은 다들 카카오톡을 쓰기 때문에 메일이 아니라 카톡을 통해서도 일의 진행 상황 등을 공유하고 디자인 결과물도 주고받는다. 메일을 주고받던 때와 비교하면 훨씬 빠르다. 요즘은 드롭박스 같은 클라우드를 쓰는 경우도 많다. 자동 저장은 물론이고, 파일 전송도 웹 링크로 할 수 있기 때문에 파일 관리에도 한결 용이하다. 파트너들과의 협업이 쉬워진 세상이다.

그렇지만 파트너들도 많아지면 결국 대화창이 점점 많아진다는 것을 의미한다. 파트너의 숫자가 많다고 좋은 것은 아니다. 일을 하다 보면 나랑 잘 맞는 파트너들이 걸러지기 마련인데, 두세 명 정도로 압축해서 일하는 게 가장 좋다. 단순함은 1인 회사에 있어 최소한의 자원으로 최대치의 퍼포먼스를 낼 수 있는 가장 중요한 가치다. 혼자 일하는 사람일수록 더 단순해져야 한다. 단순해지라는 의미를 무식하게 하나로만 밀어붙여야 한다는 뜻으로 오해해서는 안 된다. 어떤 일이든 최소한으로 최대한을 만드는 방법을 찾아야 한다.

5

하지 말아야 할 일
리스트

브랜드 가이드라인에도 브랜드가 주의해야 할 지침을 규정한 목차가 있다. 브랜드 사용 시 실수하기 쉬운 색상이나 형태 변형이 없도록 금지하는 규정이다. 사실 이를 충실히 따른다면 문제가 없겠지만, 금지 규정까지 만들어 놓는 이유는 그만큼 지키지 않고 제멋대로 해석해서 쓰는 경우가 많기 때문이다. 아무래도 브랜드를 활용하는 다양한 기획들이 생기다 보면 각자의 입장에서 브랜드 규정을 해석한다. 그래서 이런 걸 미연에 방지하려면 "뭘 할 수 있다" 보다 "뭘 하면 안 된다"라고 정리하는 것이 더 유용하다. 최근에는 친절한 해설서 같은 가이드라인이 대세를 이루긴 하지만, 엄격한 경고도 괜찮다. 내가 할 수는 있는 일이라 하더라도 정체성에 혼란을 주는 일이라면 하지 말아야 하는 것처럼 말이다.

잠깐 다른 이야기를 해보자. 우리나라 힙합 씬의 1세대 격인 다이나믹 듀오의 개코가 복면가왕에 나와 노래를 부르는 걸 보고 깜짝 놀란 적 있다. 래퍼가 아니라 보컬을 해도 충분한 실력이었다. 하지만 개코가 랩 대신 노래를 하는 모습을 본 것은 그때가 처음이자 마지막이었다. 개코는 래퍼라는 자기 정체성을 계속 쌓아왔다. 힙합과 래퍼라는 정체성을 훼손하는 일은 하지 않겠다는 고집스러운 가이드라인을 스스로 지켜온 셈이다. 이런 노력이 힙합 씬의 존경받는 리더의 위치로 개코를 올려놓았다.

시속삼십킬로미터 라는 회사는 '꿀 빠는 시간'이라는 천연 벌꿀 스틱을 만드는 곳이다. 펀딩 붐이 막 있던 시점에 와디즈 펀딩에서 그들의 상품 설명 글을 보고 감탄한 적이 있다. 글자 하나, 문장 하나가 살아있는 이야기 자체였다. 마치 신내림을 받은 기획 천재들이 쓴 것 같았다. 이 정도 기획력이라면 꿀 스틱뿐만 아니라 다른 식품으로도 얼마든지 확장해도 되겠다는 생각이 들었다. 하지만 그 회사는 4년이 지난 지금도 꿀이라는 테마 하나에만 집중해서 진정성 있는 자신들의 이야기를 계속 만들어 가고 있다. 다른 분야에는 자신이 없는 걸까? 아니면 자신의 정체성이 희석되는 게 싫어서였을까? 아마 후자였을 것이다.

우리 회사 브릭 또한 '하지 말아야 할 것'에 대한 경계

'꿀 빠는 시간'의 제품패키지. 이 회사는 오직 꿀만 상품화해서 판매한다. (출처 :
30kmperhour.com)

를 더욱 견고하고 정교하게 만들어 가는 중이다. 브랜딩 이라는 일을 하다 보면 이런저런 디자인의 필요성이 생 기고 의뢰를 받기도 한다. 하지만 잘못 욕심을 냈다가는 어떤 일을 겪게 될지 뻔하다(얼마나 고생을 했는지는 앞에 서 한 번 언급했다). 때로는 이런 일이 스스로를 한계 짓고, 당장의 이익을 희생하는 것이라는 생각이 들 때도 있다. 그렇다고 새로운 영역에 도전하지 말자는 것은 아니다. 해야 할 때와 하지 말아야 할 때를 구분하자는 것이다. 그것은 더 나은 방향을 위한 안전하고 견고한 울타리를 만드는 일이다.

나의 정체성을 위해 그리고 더 나은 브랜드를 만들기 위해 '하지 말아야 할 일 리스트'를 만드는 일은 중요하 다. 그래야 어떤 중요한 순간을 맞이했을 때 허둥지둥하 지 않는다. 고객들에게 나의 이야기를 당황하지 않고 온 전하게 전하기 위해서라도 해야 할 것과 하지 말아야 할 것의 구분은 무척 중요하다. 그걸 잘 지켜낼수록 나와 우리 회사의 아이덴티티는 더욱 단단해진다.

6

재료를 다루는
순서

디자이너 3년 차로 한국은행의 아이덴티티를 고민할 때였다. 아시다시피 한국은행은 길거리에서 흔히 보는 일반 은행과 달리 물가 관리를 하고 화폐를 발행하는 중앙은행이다. 한마디로 우리나라의 경제를 설계하는 곳이라고 할 수 있다. 그래서 한국은행 CI를 고민할 때는 '한국'이라는 국가 아이덴티티에 '기본'이라는 상징성을 함께 고려하지 않을 수 없었다. '은행'은 그다음으로 생각해야 할 개념이었다.

이런 전제를 갖고서 디자인에 들어가게 되니, 내가 표현할 수 있는 것이 그리 많지 않았다. 한국을 떠올리게 하는 대표적인 오브제들이 디자인 재료가 될 것이고, 여기에 정부 기관과 공적 역할이라는 개념이 추가로 들어가는 정도였다. 그러다 보니 아이디어 뽑기가 대단히 어려웠다. 그래서 디자인 모티브가 되어줄 재료 수집에 열을 올렸다. '금융의 새로운 물결' '무한한 우주와 같은 통화량' '예술적으로 물가를 지휘하는 지휘자' 등 다소 거리가 멀어 보이는 이미지 등도 떠올리고 열심히 소스를 모아갔다. 어찌 보면 새로움에 대한 도전이었다.

한국은행 CI. '한국'을 상징하는 태극 안에 '통화'라는 경제의 흐름과 역동을 그려
냈다. (출처 : bok.or.kr)

열심히 디자인해서 수십 개의 시안을 만들고, 그 중 하나는 최종 2개의 후보로 포함되기까지 했다. 하지만 최종적으로 선택된 안은 기존의 요소들이 재조합 된 안이었다. 새로운 것을 찾아내려 했던 노력이 별 도움이 안 됐다는 것을 알았다. 익숙한 재료를 가지고서 디자인된 것이었지만 어찌 됐든 새로운 CI였다.

그때는 디자인 경험이 많지 않을 때라 똑같은 형태와 색, 질감 같은 재료를 가지고도 다른 결과물을 완성할 수 있다는 것을 생각하지 못했다. 같은 재료라도 요리법과 순서가 달라지면 완전히 다른 음식이 된다는 것을 알지 못한 채 새로운 재료 찾기에만 열을 올렸다. 그러니 어떤 때는 신선하다고 말할 수 있지만, 어떤 때는 디자인이 저 멀리 우주로 가고 있었다. 이런 경험을 통해 나는 디자인에 접근하는 방식과 표현의 스펙트럼에 대해 다시 생각해보게 되었다.

좋은 재료를 활용해 월등한 퀄리티를 뽑아낸 상품들은 시장을 독점할 수 있다. 하지만 재료가 좋다고 해서 모두 같은 결과가 나오진 않는다. 결국 일의 승부처는 재료가 아니라 재료를 다루는 방식과 순서에 있다. 이 지점에서 다크호스 같은 기업이나 상품이 탄생하기도 하고, 반대로 엄청난 재료를 쏟아부었지만 재룟값도 못 건지는 상품이 나오기도 한다. 그러니 재료를 탓하기에 앞서 주어진 자원(재료)으로 어떤 재능과 스킬을 넣어서 결과물을 만들 것인지 생각해보는 것이 더 중요하다.

작은 규모의 사업체를 꾸리고 있는 1인 회사라면 아무래도 재료 수준이 한정될 수밖에 없다. 매번 프로젝트를 할 때마다 재료의 미숙함과 부족함을 느낄 수밖에 없다. "이런 재료가 있었으면 더 좋았을 텐데" 이렇게 생각하지 않을 수 없다. 하지만 그런 생각은 프로젝트에 별 도움을 주지 않는다. 대신 주어진 재료 안에서 어떻게든 최상의 결과를 만들어낼 궁리를 하는 것이 더 낫다. 한 국은행 CI 프로젝트에서 한 경험처럼 말이다.

디자인 경험이 얼마 없을 때는 어떻게든 새로운 것을 가져오는 것에 많은 시간을 쏟았다. 자연히 디자인 아이디어를 얻을 소재의 폭도 어마어마하게 넓게 잡았다. 당연히 더 많은 시간과 에너지가 들어갈 수밖에 없다. 큰 회사라면 이렇게 해도 된다. 하지만 1인 회사로 있는 지금은 다르다. 방식과 순서의 변화를 통한 문제 해결을 우선으로 생각하고 일해야 한다. 작게 일하면서도 좋은 결과를 얻는 방법 말이다. 부족한 재료일지라도 새롭게 연결하고 조화롭게 섞을 궁리를 하다 보면 결국 최고의 요리가 만들어진다. 이 사실을 꼭 기억하자.

7

가끔은
실전부터

브랜드 마케팅에 대한 지식을 쌓기 위해 벽돌만 한 이론서를 사서 공부할 때가 있었다. 그런데 이런 류의 책 읽기는 여간해서 쉬운 일이 아니다. 그래서 책의 앞부분만 보다 포기하고, 한참 시간이 흐른 다음 또다시 도전했다가 포기하는 일만 반복하기도 한다.

그런데 기본서 읽기가 어려우면 특정 주제의 단행본 읽기도 괜찮다. 이 방식은 내가 지금 하고 있는 일, 지금 하고 있는 고민과 연관되는 부분을 찾아 책을 읽고 문제 해결에 도움을 얻는 방식이다. 즉, 지식을 익히기 위해 책을 보는 공부가 아니라 내가 하는 일의 문제를 해결하기 위해 책을 찾는 방법이라고 할 수 있다. 그러면 책 속 내용이 훨씬 더 자연스럽게 이해된다.

내가 하는 일 중 하나인 브랜드 아이덴티티BI 작업도 이런 기본과 응용이라는 두 가지 과정으로 이루어진다. 기본은 브랜드 마크, 로고 타입, 색상, 조합 방법, 서체 등 디자인의 가장 필수적이고 기본적인 것들을 정의한다. 응용은 명함이나 봉투, 각종 광고 홍보물 등에 적용하는 방법을 제시한다. 통상 기본적인 것을 먼저 디자인한 다음, 응용물을 디자인하는 것이 정석이다. 하지만 나를 포함해 많은 디자이너들이 꼭 이렇게 순차적으로 작업하지는 않는다. 기본 편을 만들고 응용으로 넘어가려면 시간이 너무 많이 걸리고, 막상 응용에 잘 맞지 않는 경우도 생기다 보니 순서를 바꿔 일하기도 한다. 즉, 가장 기초가 되는 요소인 로고 형태 징도만 잡아 놓고 응용 디자인을 하면서 기본 편을 체계화해 나가는 방식이다. 기본 로고가 실제로 어떻게 사용될지를 각 케이스마다 적용해보면서 전체적인 분위기와 느낌들을 통일시켜 보는 것이다. 이런 과정을 거치게 되면 기본 로고에서 보이지 않던 단점이나 개선점이 보이기도 한다. 그러면 처음 잡았던 기본보다 더 견고하게 기본 바탕을 세워갈 수 있다. 순차적으로 일을 하는 방식은 아니지만, 이런 작업 방식이 훨씬 더 빠르고 효율적일 수 있다.

기본을 완벽하게 다지고 응용으로 넘어가는 게 아니라, 응용을 해보고 시행착오를 겪으면서 기본을 배워가는 방식은 디자인뿐만 아니라 내가 다른 걸 새롭게 배울 때도 유용하게 써먹는 방법이다. 이는 운동에도 적용할 수 있다.

모든 운동은 기본 자세가 중요하다. 야구라면 던지기와 치는 자세가 잡혀야 실력이 좋아진다. 그러려면 잘던지기 위한 튼튼한 팔과 허리, 잘 치고 뛰기 위한 탄탄한 하체가 필요하다. 그러나 이런 기초 운동을 10번 하는 것보다 실전 시합을 한 번 해보는 게 더 빨리 실력을키우는 방법이 된다. 실전 시합에 나서보면 내가 부족한게 뭔지, 어떤 기본기가 문제인지 금방 파악이 된다. 그러면 그때부터 부족한 기본기를 집중적으로 연마하면된다. 이처럼 실전에 부딪혀 무엇을 보강할 수 있는지알게 되면 좀 더 빠른 시간에 기본을 탄탄하게 다질 수있다. 기본을 무시하자는 것이 아니라 기본 중에서도 무엇에 집중할지 한번 더 확인하자는 의미이다.

이런 경험을 몇 번 하고 보면 순차적 접근이 정답은아니라는 생각을 하게 된다. 때론 직감적으로 결론을 낸후 그걸 뒷받침할 근거와 논리를 찾아가는 방식으로 응용을 먼저 해보고 기본으로 다시 돌아가는 방법도 있다.기본을 완벽하게 익혀야 완성도가 좋아진다고 고정적으로 생각할 필요는 없다. 혼자서 모든 일을 해야 하는 1인 회사에서는 변칙이 더 나은 결과를 낳기도 한다. 그렇지만 변칙이 원칙이 되어서는 안 된다.

기본, 근본, 본질은 중요하다. 모든 일의 시작이다. 그리고 철학이며 가치이기도 하다. 마음먹는다고 해서 쉽게 찾아지는 것도 아니다. 때로는 작전을 바꿀 필요도 있다. 실행과 응용의 과정을 먼저 해보는 것으로 기본을 익힐 수도 있고, 잘 안 되면 다시 처음으로 돌아와 기본에 대해 생각해 볼 수도 있다. 기본에 집착한 나머지 한 발자국도 나가지 못할 바에야 이런 방법이 훨씬 효과적이다.

1인 회사는 일단 일이 돌아가고, 진도가 나가는 것이 중요하다. 그러면서 틀린 것, 부족한 것을 보충해 나가면 된다. 이 방법이 좀 더 생존에 유리하다.

8

내 안의 영감에
집중

거미 모양 몸체에 레몬을 꽂으면 즙이 추출되는 쥬시 살리프(사진 참조)를 디자인한 필립 스탁은 2008년 은퇴 전까지 세계 디자인계를 대표하는 아이콘으로 추앙받던 디자이너였다. 그런데 그가 영화관에도 안 가고, TV도 안 보며, 신문도 안 본다고 한다면? 실제로 스탁은 새로운 프로젝트가 시작되면 물도 전기도 들어오지 않는 조그만 섬이나 아무도 찾지 않는 깊은 숲 속 오두막 같은 곳에 들어가 작업을 했다.

파격적인 아이디어와 예술적 아트워크로 디자이너의 디자이너라고 불리는 슈테판 자그마이스터는 현재도 열심히 활동중인 디자이너로 7년에 한 번 창조적 영감을 위해 안식년을 가진다. 그런데 그 장소가 사람들로 붐비는 대도시가 아닌 인도네시아 발리에 위치한 오지다. 디자이너라고 하면 으레 트렌드에 민감하고 새로운 것들을 끊임없이 받아들여야 한다고 생각하는데, 자그마이스터는 물론이고 스탁도 오지를 택했다. 마치 보통 수준의 디자이너들은 따라 하면 안되는 천재들의 기행처럼 그들은 아무도 찾지 않는 오지를 작업의 환경으로 삼았다.

이탈리아 주방 브랜드 알레시의 레몬 짜는 기구 쥬시 살리프 필립 스탁이 디자인했다. (출처 : 알레시 코리아 페이스북)

슈테판 자그마이스터. 파격적이고 실험적인 디자인으로 항상 새로움을 추구하는 디자인계의 스타다. (출처 : flickr.com)

처음에는 전혀 동의하기 어려웠던 이들의 이야기가 디자인 경력이 조금씩 쌓여갈수록 이해가 되기 시작했다. 한 번 곰곰이 생각해 보자. 내가 정말 좋다고 느꼈던 영감은 어디로부터 왔나? 정말 내게 필요했던 아이디어들은 누구로부터 왔나? 결론부터 얘기하면 내 아이디어는 내 머리에서 나왔다. 다른 누구로부터 나오지 않았다. 무언가로부터 힌트를 얻을 수는 있겠지만 결국 아이디어가 디자인으로 바뀌는 데에는 내 머리와 손을 거쳐야만 한다.

세상에 어떤 일이 벌어지는지 살피는 것은 정말 중요하다. 하지만 외부의 어떤 것도 나를 대신할 수는 없다. 더군다나 요즘은 셀 수도 없이 쏟아져 나오는 각종 레퍼런스(참고할 만한 디자인) 때문에 디자인에 대해 생각할 시간도 없다. 그러다 보니 나도 모르게 영감을 얻고 아이디어를 얻는 차원에서 레퍼런스를 참고하는 것이 아니라, 문제 해결 차원에서 더 빠른 길은 없을까 하고 참고하는 일이 더 많아졌다. 그런데 이렇게 해서는 절대로 창의적이고 좋은 디자인이 나올 수 없다.

그동안 우리는 디자인을 시작할 때, 너무나도 당연히 수많은 레퍼런스를 들춰봤다. 특히 내가 하는 브랜드 디자인 작업의 경우 유사 브랜드의 레퍼런스를 꼼꼼히 모으는 것은 거의 의무에 가까운 일이었다. 레퍼런스를 찾아 내가 할 디자인과 비교해 근거를 만들고 검토하는 것은 중요한 일이다. 하지만 지금은 그렇게 하지 않는다. 유관 브랜드를 조사하는 일도, 핀터레스트(pinterest. com)나 비핸스(behance.net)를 뒤지는 일도, 잡지를 보는 일도 점점 줄이고 있다. 처음에는 불안하고 걱정도 됐다. 하지만 오히려 레퍼런스 찾는 시간을 줄이고 나니 프로젝트에 좀 더 집중할 수 있었다.

지금은 프로젝트를 시작할 때 레퍼런스를 찾아보는 것 대신 새하얀 화면과 빈 페이지의 노트를 마주하고, 그 위에 지금 디자인하려는 브랜드의 개념과 정의부터 써내려 간다. 프로젝트가 만들어 낼 성과와 목표를 명확히 하고, 어떻게 이뤄낼 것인지에 대한 구체적인 실행 방안까지도 써내려 간다. 처음에는 막막하지만 내용이 점점 채워져 갈수록 앞으로의 프로젝트가 좀 더 선명

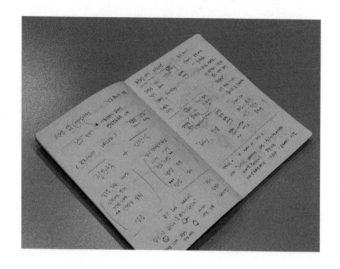

디자인 작업 전에는 레퍼런스가 아니라 노트를 펼친다. 다양한 레퍼런스를 참고하는 이미지적인 접근보다 브랜드의 개념과 가치 등 텍스트만으로 디자인 방향성을 설계해 나간다.

하게 그려진다. (기획 방법에 대해서는 뒤쪽에서 따로 설명했다.)

창업 3년 차 이후부터는 브랜딩 기획과 스토리 작업에 집중하고 있기 때문에 시각적인 참고 자료보다 브랜드와 관련된 사업 기획안이나 임직원 인터뷰, 각종 매체에 나온 관련 뉴스를 찾고 읽는데 더 많은 시간을 할애한다. 그렇게 모인 자료들을 분석하고 공부하다 보면 자료와 자료 사이에서 또 다른 아이디어나 디자인적 영감도 얻을 수 있다. 이처럼 내부 정보에 숨어 있는 가치나 비전 등에 집중한다.

레퍼런스에 의존하면 자꾸 비슷한 것을 연출하고 싶은 욕망에 사로잡힌다. 필립 스탁이나 슈테판 자그마이스터처럼 외딴 섬에 있으면서도 디자인 감각을 유지하고 뛰어난 아이디어를 내놓을 수 있는 것을 똑같이 따라 하자는 것은 아니다. 어떻게든 내 안에서 창조의 실마리를 찾으려는 노력을 하자는 것이다. 방해받지 않고 내가 해야 할 디자인에 집중하겠다는 생각에 에너지를 모아야 한다.

이런 생각은 디자인뿐만 아니라 1인 회사를 경영하는 데에도 필요하다. 경쟁의 관점을 버리고 남들이 하는 것에 신경 좀 덜 쓰고 우리 회사의 비전에 집중하는 것, 결국 이런 일은 외부의 자극에서 나오지 않고 내부 역량에서 나온다. 남이 만들어 놓은 레퍼런스가 아니라 내 안의 영감에 집중해 보자. 결정적인 것들은 내 안에서 나온다. 이렇게 하는 것이 멀리 오래가는 방법이다.

9

단 하나의
제안

"결국엔 하나다." 이 문장은 회사를 운영해가면서 마음 속으로 가장 많이 했던 말이다. 이것저것 잴 거 없이 단 하나의 제안만 하자는 뜻이다. (오해는 없기를 바란다. 하나 의 시안만 만들어서 제안하자는 뜻은 아니다.) 브랜드를 기획 하고 방향성을 잡을 때, 디자인 구상을 할 때 이 생각을 꼭 한다. 이 생각을 반복해서 하지 않으면 계속해서 쉬 운 대안만 찾으려 하기 때문에 문제의 핵심 대신 주위로 만 자꾸 눈길이 간다.

머리 속에 모래시계를 수평으로 눕혀 놓은 모양의 그 래프를 상상해보자. 그래프의 넓은 면은 '확산'이고 좁 은 면은 '집중'이다. 확산 부분에는 프로젝트와 관련된 다양한 생각과 아이디어가 있다. 반대로 집중 부분에는 확산에서 걸러진 몇 개의 키워드만 있다. 이렇게 단 하 나의 키워드 또는 생각의 에센스를 골라내는 것이 프로 젝트의 핵심이다. 핵심을 찾았다면 이를 주제로 디자인 아이디어를 떠올리면 된다.

어떤 제안을 할 때 이것도 좋은 것 같고 저것도 좋은 것 같고, 이런 생각이 들면 그때부터는 머릿속이 복잡해진다. 확실한 하나가 없기 때문에 자신감도 떨어진다. 사실 제시하는 안들의 면면을 뜯어보면 좋지 않은 게 어디 있을까? 하지만 그 안에서 최적의 베스트를 찾아 제안하는 것이 우리 같은 제안자들의 임무다. 좌판에 물건을 죽 늘어놓고 골라보라고 하는 것은 고객에게 선택의 다양성을 존중하는 게 아니라 혼란과 고통을 주는 일이다. 마찬가지로 수십 개의 반찬과 음식이 나오는 한정식에서도 메인이 분명한 음식이 좋다. 앞뒤가 어떻든 메인의 퀄리티가 할 말을 잃을 정도로 맛있다면, 나머지 서브의 반찬들은 결국 메인으로 가기 위한 징검다리가 된다. 제안에서도 최종적으로 선택해야 하는 안은 한 가지이고, 나머지는 최종안을 위한 보조 역할을 해야 한다. 간혹 나머지 안들의 좋은 점만 뽑아서 섞어보자는 의견이 나오기도 하지만, 그렇게 되면 원래의 맛은 사라진다. 그럴 바에야 안 쓰는 게 낫다.

1인 회사는 혼자다. 이 사람 저 사람 없이 오로지 단 한 명이다. '단 하나'라는 개념은 사람으로도, 일로도 자연스럽게 연결된다. 단 하나의 유일한 컨셉을 제안한다는 마음가짐으로 일해야 한다. 단순하게 일한다는 것, 가장 중요한 것에 집중한다는 것, 하지 말아야 할 것을 정확히 알고 일한다는 것은 모두 같은 뜻이다. 가장 자신 있는 맛 하나로 고객에게 만족감을 주는 셰프라고 생각하자. 핵심만 남기고 불필요한 것들을 걷어내는 과감함이 필요하다. 그래야 좀 더 빠르게 다음 단계로 나아갈 수 있다.

10

나만의
기준 갖기

재수 시절을 빼고, 20대 후반까지 줄곧 지방 도시에서 학창 시절을 보냈다. 학생으로 있을 때는 서울과 지방의 격차를 크게 의식하지 못했다. 그렇게 지내다 '내가 지방에 사는 게 맞구나'라고 크게 자각하는 순간이 있었다. 바로 지역 방송을 시청할 때였다. 지역 방송국이 하나씩 생기면서 자체 제작 프로그램도 한두 개씩 만들어졌는데, 그래픽이나 무대 연출 등이 중앙 방송과는 확실히 차이가 있었다. 생각해보면 당연한 일이었다. 프로그램 하나에 투입되는 인력이나 예산이 중앙 방송사와 비교한다는 것이 말이 안 되었으니 말이다.

공중파 화면이란 것이 사실은 수십 년의 경험을 쌓아온 우리나라 방송사 최고 인력들이 만들어낸 결과물이다. 지금이야 유튜브처럼 개인 제작 영상도 많다 보니, 공중파만큼의 퀄리티를 내기 위해 얼마나 많은 인력과 장비가 필요한지 알지만, 그런 비교 대상도 없던 시절에는 그저 눈에 보이는 것이 전부였고 눈에 보이는 대로 비판을 했다.

그런데 최근 이런 비교 평가를 나도 모르게 스스로에

게 하고 있다는 것을 알게 되었다. 페이스북이나 인스타그램으로 올리는 글이나 사진을 보면서 나도 모르게 유명 인플루언서들과 나 자신을 비교하고 있었다. SNS를 보다 보면, 좋은 글과 사진을 올리는 사람들이 정말 많다. 자꾸 보다 보면 나는 언제쯤이면 저 정도의 실력과 내공을 갖추게 될까 생각이 든다. 그러다 보면 내 콘텐츠는 별 볼일이 없고 매력이 없어 보이기도 하고 이런 식으로 해서 언제 저 정도가 되나 고민이 되기도 한다. 하지만 정말 그런 걸까? 정말 내가 올리는 콘텐츠의 질이 그렇게 낮은 걸까?

엄밀히 따져 보면 착시 때문이라 할 수 있다. 내 눈에 들어오는 높은 봉우리는 전체 산맥으로 치면 몇 개 되지 않는다. 그런데 자꾸 보다 보니 마치 모든 산의 봉우리들이 저 높이를 갖고 있는 것처럼 보인다. 분명히 작은 봉우리도 있고 이제 막 산을 오르기 시작하는 사람도 있는데 말이다. 인기 유튜버들도 구독자 1에서 시작하지 처음부터 몇만으로 시작하지는 않는다. 그런데 우리는 이 사실을 자꾸 잊어버린다.

목표를 높게 잡고, 저 정도의 수준과 퍼포먼스를 내기 위해 노력하는 것은 필요하다. 하지만 1인 회사를 시작하는 순간부터 제로에서 시작한다는 것을 잊어서는 안 된다. 시선을 높이 가진다고 해서 금방 도달할 수 있는 것도 아니다. 그러니 내 위치에서 최선을 다하는 나만의 페이스가 중요하다. 그리고 여기서 한 발 더 나간다면, 이미 누군가 걸어간 길이 아니라 나만의 루트를 개척해서 봉우리를 오르는 것이 중요하다. 앞서 내가 브랜드 스토리를 개발하는 디자이너라는 포지셔닝을 한 것처럼 말이다. 그럼에도 내가 뒤처진다는 생각이 든다면 내가 하는 일 전체를 SNS으로 공개하고 사람들로부터 댓글 응원을 받는 것도 좋다. 이는 우리 회사의 이름을 알리는 것에도 도움이 된다.

독립해서 일한다고 했을 때 결국 내 실력이 곧 회사의 역량이기 때문에, 실제 내 위치가 어느 정도 되는지 객관성을 확보하는 것은 무척 중요하다. 과한 자신감도 문제겠지만, 너무 움츠러들 필요도 없다. 내 위치를 정확히 알아야 어디로 갈 것이며, 얼마를 더 가야 하는 지 파악이 된다.

11

가장
개인적인 것

디자인 회사에서 일할 때 네이밍 전문 회사와 협업을 할 때가 많았다. 옆에서 관찰한 바로는 기업의 브랜드 네이밍이란 게 번뜩이고 재미난 아이디어보다는 사업의 방향성을 잘 표현하는 경우가 대부분이었다. 그래서 이런저런 제한 사항도 많고 딱딱하고 건조하기도 했다. 그런데 어떤 파트너사의 골프장 네이밍 보고서를 보고는 눈이 번쩍 뜨인 적이 있다. 기존 접근과는 전혀 다른 방식으로 네이밍을 설명하고 있었다.

사실 그전까지 내가 봐왔던 네이밍 보고서들은 꼼꼼한 시장 분석과 경영서에서나 볼 법한 논리와 전략을 담고 있는 경우가 대부분이었다. 그런데 그 회사는 접근부터가 달랐다. '시詩'라는 감성적인 소재를 가져와 네이밍을 했다. 눈 앞에 그려지는 듯한 공간과 계절의 느낌을 이름에 담으려 했다고 하는데, 네이밍 담당자는 골프 생각을 하다 예전에 알고 있던 영시가 떠올랐다고 했다. 결국, 영시의 한 문장이 네이밍 모티프가 된 것이었다. 이전에는 보지 못한 방식이었다. 하지만 개인적으로는 다른 어떤 제안보다 매력적으로 느껴졌다. 골프를 쳐본 일도 없지만 그런 이름을 가진 골프장이라면 나도 한번 들러 시를 떠올리며 필드 위를 거닐어 보고 싶다는 생각이 들었다. 어떤 이름인지 궁금할 것 같아 밝히면 경기도 동두천에 있는 '티 클라우드'라는 골프장이다.

이 경험 이후 네이밍이 전략과 분석 그리고 가치 지향만으로는 부족하다는 것을 알게 되었다. 여기에 개인적인 영감, 일종의 통찰 같은 것도 함께 있어야 좋은 브랜드 네임이 된다는 것을 알게 되었다. 그런데 이런 비슷한 얘기를 영화감독 봉준호도 했다. 영화 《기생충》으로 아카데미 상을 수상한 봉준호 감독은 시상식에서 '가장 개인적인 것이 가장 창의적인 것이다'라는 마틴 스코세이지 감독의 말을 되새기며 공부했다고 밝혔다. 내가 네이밍 프로젝트에서 깨달은 것처럼 거대 담론보다는 한 사람의 사적이고 내밀한 이야기가 대중의 마음을 더 움직일 수 있다는 뜻이었다.

타 브랜드와는 비교도 안 될 만큼 압도적으로 보기 좋았던 애플의 초기 UI는 창업자 스타브 잡스의 개인적 취향과도 연관이 깊다. 그는 타이포그래피 수업을 도강할 정도로 글자와 디자인에 관심이 많았다. 그런 개인적인 애호와 집착으로 만들어진 제품은 많은 사람들로부터 사랑과 공감을 이끌어 낸다. 봉준호 감독의 영화에서 볼 수 있는 계급에 대한 시선 역시 감독 개인의 시선과 크게 다르지 않다. BTS 음악에도 멤버들 개인적인 생각과 내밀한 감정이 담긴 가사가 많다. 전 세계 팬들은 BTS가 자신을 대신해 세상을 향해 이야기하고 있다고 생각한다.

사업자 마음속에 있는 가장 개인적인 소망은 사업을 성공시키는 가장 중요한 씨앗이다. 사람들의 마음을 움직이는 것은 치밀한 차트의 움직임이 아니라 사업자가 들려주는 개인적인 생각과 이야기의 파동이다. 그렇기에 1인 사업자나 프리랜서들은 더욱더 자신의 이야기를 많이 해야 한다. 자신의 생각을 담은 서비스를 통해 고객을 만나야 고객들도 특별함을 느낀다. 여러 사람이 있는 조직에서는 개인의 이야기를 드러내고 밝히는 것이 회사와 맞지 않을 수도 있고 연관성을 만들어 내기가 어려울 수도 있지만, 1인 회사에서는 개인이 곧 회사이기 때문에 나의 얘기가 곧 회사의 이야기가 된다.

남에게 빌려 온 이야기는 감동이 약하다. 완벽하게 나만이 가진, 나만 할 수 있는 이야기에 감동이 있다. 고객의 마음이 움직이면 지갑은 자동으로 열리게 되어 있다.

12

작은 프로젝트라도
소중히

신입 디자이너 시절에는 유명하지 않은 브랜드의 프로젝트가 우리 팀에 떨어지면 일 할 의욕이 나질 않았다. 해봤자 사람들도 잘 모를 거고 열심히 해도 개인 실적에 크게 도움이 되지 않을 거로 생각했다. 그러면 당연히 열심히 하고 싶은 마음은 저 멀리 달아난다.

이왕 할 거면 누구나 아는 큰 브랜드를 맡고 싶어 한다. 어떤 디자이너라도 똑같다. 큰 브랜드를 다룬다는 것은 개인에게도 중요한 포트폴리오가 된다. 이직을 할 때도 유리하고 개인적인 이력에도 도움이 된다. 기회가 된다면 이름 없는 수십 개의 프로젝트에 참여하는 것보다 누구나 알만한 제품이나 브랜드를 다룬 하나가 더 도움이 된다. 그렇지만 그런 프로젝트일수록 누구나 탐내는 일이 되고 경쟁도 치열하다. 그래서 기회를 잡기도 쉽지 않다. 몇몇 회사는 이런 심리를 이용해 말도 안 되는 작업 비용으로 일을 의뢰하는 경우도 있다. 그러나 디자이너로서는 잘만 하면 좋은 실적이 되니 쉽게 거절하지도 못한다.

냉정하게 얘기해, 1인 회사로 시작하는 만큼 더 이상

큰 브랜드는 내 몫이 아니라고 생각하는 것이 좋다. 너무 단정적인가? 하지만 현실은 냉혹하다. 대신 작은 브랜드를 다루는 일에서 만족도를 찾는 것이 좀 더 현명하다. 그리고 작은 브랜드를 통해 갈고닦은 실력은 정작 큰 브랜드를 만났을 때 성공적인 프로젝트 수행의 밑바탕이 된다. 즉, 더 큰 것을 위한 연습이 될 수 있다.

전혀 몰랐던 브랜드나 처음 시작하는 브랜드가 나중에 크게 성장하면 그것만큼 보람이 큰 경우도 없다. 처음에는 담당자나 창업자의 넘치는 의욕에 호감을 갖고 시작하게 되지만, 나중에는 브랜드를 이용하는 고객들의 호의적인 반응을 보고서 일을 좋아하게 되고 의미 부여를 하게 된다. 일종의 선순환이라고 할 수 있다. 이는 프로젝트의 규모나 크기 그리고 회사의 덩치와는 상관이 없다. 오히려 작고 무명에 가까운 브랜드의 프로젝트를 할 때 이런 경험을 더 많이 하게 된다.

"의미만 쫓았을 때는 손에 잡히지 않았던 것들이 열심히 하다 보니 자연스럽게 의미도 생긴다." 나 또한 작은 회사의 주인이 되어 보니 큰 프로젝트, 유명 브랜드에만 일의 가치가 있지 않음을 알게 되었다. 시작이 아무리 작은 브랜드라 하더라도 흘려보내지 않고 정성으로 가꾸다 보면 반드시 보답으로 돌아온다. 아무리 작고 모르는 회사라 하더라도, 비용이 말도 안되게 작게 책정되었다 하더라도, 일단 하기로 했다면 최선을 다하는 것이 당연하다. 그러면 정성과 마음이 자연스럽게 고객에게 전해진다.

이런 일들이 반복되면 우리 팬을 자처하는 사람들이 여기저기서 나타난다. 이곳저곳 소개도 해주고 사업에 도움이 되는 정보들도 아낌없이 나눠 준다. 마치 우리의 제 2 영업 사원과도 같다. 생각만 해도 든든하고 뿌듯하다. 그리고 이분들도 나중에 누구나 알만한 커다란 기업이 되어 우리 회사의 큰 고객이 될 수도 있다.

이름없는 작은 프로젝트를 '작은 씨앗이지만 큰 열매를 맺을 수 있는 프로젝트'라고 말하고 싶다. 커다란 보상은 아니더라도 브랜드 구축에 기여했다는 만족감은 일하는 데 있어 가장 큰 보람이다. 그리고 앞으로도 열정적이고 재밌게 일할 수 있는 연료가 되어준다.

13

강약의
원리

각 포지션의 좋은 선수들만 다 모아 놓는다고 꼭 좋은 팀이 되는 것은 아니다. 세계적인 스타 플레이어들을 다 모아 놓고도 고전하는 명문 구단이 있다. 오히려 포지션 별로 역할 분담이 분명하고 최적의 선수들로 균형 있게 짜져야 좋은 팀이 된다. 음식도 마찬가지다. 강하고 자극적인 맛을 다 모아 놓는다고 좋은 요리가 되는 것은 아니다. 여러 맛이 조화를 이루어야 맛이 풍부해진다. 영화도 밋밋한 장면, 긴장감 넘치는 장면 등이 잘 조합되어야 좋은 영화가 된다. 결론적으로 얘기해, 무엇이든 강약이 조화를 이룰 때 좋은 물건이 탄생한다.

디자인도 예외는 아니다. 한 화면 안에서 강해야 할 곳, 약해야 할 곳 그리고 그 사이에 해당하는 것까지. 이 모두가 적절하게 배열되어야 밋밋하던 화면에 긴장감과 리듬감이 생긴다. 그래야 보는 사람도 지루하지 않다. 황금 비례가 '강:약'으로 6:4라면 나는 '강:약:중간'으로 약 6:2:4 정도의 비례가 최고의 비율이라고 생각한다. 이런 내 나름의 기준을 갖게 된 것은 평소 보기 편하고, 인기 좋다는 물건이나 디자인을 가져다 놓고 비율 분석을 많이 해봤기 때문이다.

디자인의 강약을 활용하는 원리는 평면을 넘어 3차원 입체 공간에도 적용 가능하다. 공간 안에서 사물의 배치를 통한 면적 구획 등이 6:2:4의 비율을 따라가게 되면 답답하지도 않고, 작은 곳임에도 더 크고 넓어 보이는 느낌을 얻게 된다. 이런 비율을 잘 익혀두면 내 집의 인테리어를 할 때도 도움이 된다. 그리고 이 비율은 디자인 시안을 뽑을 때도 활용할 수 있다. 즉, '강:약:중간:약'에서 채택 가능성이 높은 시안을 강, 그다음을 중간, 이렇게 시안의 순서를 배열하는 방법이다. 가령 네 개의 컨셉으로 안을 만든다면 첫 번째 안은 내가 정답이라고 생각하는 안을 놓고, 두 번째 안에는 약에 해당하는 가장 가능성이 낮은 안을 배치한다. 이렇게 하면 두 번째 안 덕분에 첫 번째 안이 더 돋보이게 된다. 세 번째 안은 무난하면서도 믿음직한 안을 배치한다. 첫 번째 안이 아니라면 다음으로 대안이 될 수 있는 안이다. 마지막 네 번째 안은 두 번째 안의 무게감과 강도를 가졌지만, 성격이 완전 다른 안을 배치한다. 마지막 안인 만큼 개성

디자인 비율이 좋은 작품 예시. 강약중간약이 있는 편집디자인. 검정색 테두리
와 그 안의 내용이 강이고, 좌측 문자 블록이 중, 여백은 약에 해당한다. (출처 :
unsplash.com)

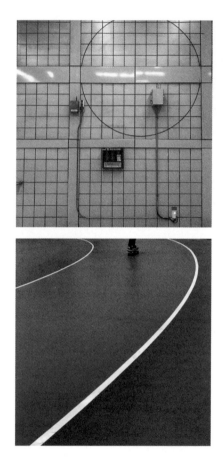

일상에서 찾아낸 '강:약:중간:약'의 매력적인 화면 구성들. 일상의 사물들을 관찰하고 촬영해보는 것도 디자인 감각을 키우는 좋은 방법 중 하나다. (출처 : unsplash.com)

과 아이디어가 도드라지면 좋다. 그래야 전반적으로 아이디어가 좋다는 생각을 의뢰인이 할 수 있다.

만약 네 가지 안이 아니라 세 가지 안을 제시할 때는 또 달라진다. 그럴 때는 강, 약, 중간의 순서로 배치하면 좋다. 사실 제안의 개수와 순서는 회사마다 다르고 기준도 각자 갖고 있겠지만, 우리 회사는 이런 순서로 전체적인 시안을 만들고 작업한다. 시안 전체를 하나의 작품으로 해석하는 셈이다.

결과적으로 이렇게 했을 때 가장 많은 선택을 받는 안은 무엇일까? 80% 이상의 확률로 첫 번째 안을 가장 많이 고른다. 결국 우리가 가장 확신을 가지고 자신 있게 제시한 안이 선택을 받는다. 하지만 이런 선택이 쉬웠던 건 나머지 약, 중간, 약의 비교 대상이 있었기 때문이다.

지금까지 내가 하는 일을 놓고서 강약의 리듬에 대해서 얘기했다. 1인 회사로 일하는 것과 강약의 리듬이 무슨 상관이냐 하겠지만, 언제나 강강강으로만 일할 수는 없으니 일을 하는 데 있어서도 리듬을 갖고서 일하는 것이 좋다. 1인 회사에서 체력 관리는 곧 회사의 경쟁력과도 같다. 그러므로 강약의 리듬을 통해서 집중과 쉼의 조율을 잘해야 한다. 무슨 일에 있어서나 안 그런 게 있을까 싶지만 혼자이기 때문에 모든 책임을 혼자 지는 자리이기 때문에 강약의 리듬은 더더욱 중요하다. 일상을 살아가는데도 굉장히 중요한 원리라 할 수 있다.

14

혼자 일하기
좋은 시간

십 년 넘게 정해진 시간에 정해진 장소로 출퇴근하던 사람이 스스로 시간을 관리하는 상황이 되면 사람마다 다르겠지만 패턴이 흐트러질 때가 있다. 집에서 일하고 있다면 늦잠을 자거나 딴짓을 하거나, 잠시 쉰다고 누웠다가 푹 자는 일도 벌어진다. 나도 처음에는 이런 염려가 있었다. 그래서 집보다는 별도의 사무실을 얻는 게 나을 것 같았다. 하지만 사무실을 갖게 되면 고정 비용도 만만치 않고, 혼자 일하는 데 굳이 사무실이 필요한가 싶기도 했다. 그래서 개인 사무실 대신 공유 사무실을 찾게 되었다.

공유 사무실로는 보통 아침 9시 반 정도면 출근을 완료한다. 직장 다닐 때와 크게 다르지 않다. 일단 출근을 하면 노트부터 펼친다. 30분 정도 그날의 일정을 체크하고 일의 분량을 가늠해보면서 오늘 할 일을 노트에 적어본다. 한동안은 컴퓨터 메모장에 쓰다가 요즘은 노트에 메모하는 방식으로 바꿨다. 페이지를 넘기며 직접 필기하는 것이 생각을 정리하는 데 좀 더 도움이 되는 것 같다. 내가 쓰고 그린 걸 눈으로 보면 한 번 더 머릿속에 각

인되는 효과도 있고, 순간순간 떠오르는 디자인 아이디어를 메모하기도 좋다.

점심 먹기 전인 12시 반까지가 내가 가장 집중하는 시간이다. 이때가 집중력이 가장 잘 발휘된다. 그런데 이 시간이 집중이 잘 된다는 사실을 그전에는 잘 몰랐다. 디자인 직군의 특성상 야근을 일상적으로 하던 습관이 있었는데, 일 할 때만큼은 분명 아침형 인간이었다. 이 사실을 그동안 몰랐다니 좀 어이가 없었다. 하지만 벌써 5년 가까이 아침에 집중하는 방식으로 일해 본 결과 확실히 내 집중력은 밤보다는 오전이 좋았다.

이처럼 혼자 일하게 되면 그동안 몰랐던 것을 잘 알게 되거나 하는 것들이 있다. 내가 알고 있던 라이프 패턴이 전혀 딴 방향으로 바뀔 수도 있고, 이에 따라 일하는 시간의 분배가 달라질 수도 있다. 혼자이기 때문에 집중력과 효율이 높은 시간을 찾아 그 시간에 집중하는 것이 좋다. 혼자서 많은 일을 해야 하는 입장에서 업무 시간을 최대한 압축하는 것은 너무나도 당연한 얘기다.

독립을 할 때는 누구라도 365일 정신없이 일만 하는

삶을 생각하진 않는다. 오히려 더 여유롭고 편하게 일하는 모습을 상상한다. 하지만 "독립=자립"이기 때문에 비즈니스 시스템이 안착 되기 전까지는 독립하기 이전보다 더 많은 시간을 일로 쓰게 된다. 그러니 최대한 적은 시간을 투자해 많은 일을 빠르게 할 수 있도록 하는 것이 1인 회사의 생존 법이다.

1분 1초를 아껴야 하는 1인 사업자이긴 하지만 점심시간만큼은 여유 있게 쓰려고 한다. 한 시간 반에서 두 시간 정도를 쓰고 사무실 주변 공원으로의 산책도 잊지 않는다. 걸으면서는 오후에 할 업무에 대한 아이디어를 떠올리기도 한다. 이렇게 걷고 움직이면서 생각할 때 좋은 아이디어가 많이 나온다. 그래서 어려운 미션이 주어질 때면 주변을 크게 돌며 생각에 생각을 거듭한다. 이렇게 두 배로 늘어난 점심시간과 짧아진 출퇴근 시간은 직장생활을 할 때는 맛볼 수 없는 즐거움이 된다.

오후 업무를 마치고 퇴근하기 30분 전부터는 하루 동안 했던 일들을 정리하는 시간을 가진다. 메모장으로 오늘 일하며 배운 것들을 자유롭게 적어본다. 그리고 메모

한 내용은 SNS에 여러 사람이 볼 수 있도록 공유한다. 글을 적으며 생각을 정리하는 것도 좋고 내 생각에 대한 다른 사람의 반응을 볼 수 있는 것도 좋다. 그리고 내가 이 일에 얼마나 진지하게 임하고 최선을 다하고 있는지 다른 사람들에게 알리는 효과도 있다. 이렇게 매일 짧은 단상으로 하루를 마무리하다 보니, 더욱 집중력 있게 일하게 되고 일에 대한 성찰도 끊임없이 하게 된다. 그래서 '퇴근 전 글쓰기'는 시간의 자율성도 맘껏 누리면서 일의 완성도도 올리는 나만의 방법이 되고 있다.

1인 회사로서 앞으로의 성공은 일에 집중할 수 있는 시간을 얼마나 확보하느냐 얼마나 알차게 쓰느냐에 달려 있다고 해도 과언이 아니다. 그리고 매일 깨어있는 정신으로 성찰하는 것도 게을리하지 말아야 한다. 다시 한번 말하는 것이지만, 혼자 일한다는 것은 마치 구도자의 길을 걷는 것과도 비슷하다.

15

나를
기억시키는 법

광고 기획을 하는 어느 선배에게서 들은 얘기다. 자신은 광고를 구상할 때 충격을 줄 만한 도입을 생각한다고 했다. 그러면서 예를 든 방법이 놀라웠다.

학교 도서관에서 마음에 드는 이성이 있는데, 그 이성과 가까워지고 싶다. 어떻게 해야 할까? 조용히 쪽지를 건네거나 연락처를 물어보거나 하는 고전적인 방법이 있다. 그런데 선배의 접근법은 상상을 뛰어넘었다. 마음에 드는 이성을 보자마자 커피를 쏟는 도입부를 생각했다. 긍정적이든 부정적이든 이후 시나리오가 어떻게 풀릴지는 모르겠지만 일단 상대의 관심을 끄는 데에는 성공할 수 있다는 것이다. 여기까지가 선배가 들려준 얘기다. 정상적인 행동이라고 말하기는 어렵지만, 선배의 말이 지금까지도 선명하게 머릿속에 남아있는 건 왜일까.

이성에 대한 접근을 예로 들었지만, 내가 타겟으로 하는 고객에 대한 접근법도 이와 비슷하지 않을까. 커피까지 쏟는 것은 아니지만, 예상 밖의 접근은 인상적인 만남을 시작하도록 도와준다. 이는 궁금증을 유발하게 하고 다음을 상상하게 한다. 특히 우리 같은 1인 회사에게 있어 첫인상은 무척이나 중요하다. 규모가 있고 지명도가 있는 다른 회사와는 뭐가 달라도 달라야 하는 입장에서 나를 인상적으로 알릴 수 있는 장치는 중요하지 않을 수 없다.

나는 회사를 시작할 때 나를 알릴 수 있는 장치 몇 가지를 생각했다. 첫 번째는 일반 명함보다 3배 정도로 두꺼운 명함이었다. 플라스틱 신용카드보다도 더 두꺼운 명함은 받는 분들로부터 이구동성으로 탄성을 자아내게 했다. "역시 브랜딩과 디자인을 하는 회사는 다르네요." 상대방의 이런 반응은 내가 듣고 싶은 말이었고 원하는 바였다. 그걸 소재로 자연스럽게 대화를 시작할 수 있었다. 그리고 명함의 두께는 '브릭'이라는 회사의 이름과도 어울렸다. 명함 하나가 회사의 아이덴티티를 자연스럽게 설명해주었다.

두 번째는 철저한 사전 미팅 준비와 보고서 준비였다. 미팅 준비야 누구나 하는 것이지만, 미리 문서(일종의 분석서나 보고서)까지 만드는 경우는 드물다. 그런데 첫 만남에서 무슨 보고서가 나오면 다들 "이렇게까지 준비해

브릭의 명함. 브릭이라는 이름에 맞게 견고한 벽돌 같은 명함을 만들었다. 두께 감이 '브릭'이라는 회사의 이름과도 어울리고, 은은한 질감과 먹 박으로 후가공한 처리는 고급 감을 주기도 한다. 명함 하나로도 우리 회사의 아이덴티티를 표현할 수 있다.

오시다니 놀랐다"라는 반응을 한다. 자연스럽게 내가 얼마나 고객에게 관심이 있는지가 표현되고, 미팅 자리는 부드러워진다. 마치 소개팅하기 전 부담 안 될 정도의 작은 꽃다발을 받는 기분을 고객에게 줄 수 있다. 이처럼 준비가 잘 된 만남은 긍정적인 신호로 바뀔 가능성이 크다. 당장 어떤 일이 성사되지 않는다 하더라도 다음을 기약할 수 있게 도와준다.

명함과 사전 미팅 준비 보고서, 이 두 가지는 창업 초기부터 우리 회사가 준비해온 특별한 만남이다. 1인 회사는 혼자라는 이유로 모든 것이 부족하다. 그렇지만 긍정적으로 생각해보면, 우리 회사를 알리는 장치를 개인화할 수 있다는 장점이 있다. (혼자 만드는 명함이니 명함 한 장 당 가격을 지폐 한 장 값이 되도록 할 수 있었다. 그런데 직원이 여럿이었다면 이렇게 못 했을 것이다.)

1인 회사라는 장점을 살려 고객에게 인상적으로 다가가는 나만의 방법을 만들어 보면 어떨까. 몇 가지 포인트만으로도 좀 더 특별하고 희소가치가 있는 '단 하나의' 회사로 나를 인식시킬 수 있다. 고객은 일 잘하는 회

사를 찾기도 하지만, 조금은 특별한 회사를 찾을 때도
있다.

16

SNS로
관계의 확장

학원 인테리어 사업을 하는 후배로부터 이런 이야기를 들은 적 있다. 자신의 사업 성공에는 블로그가 결정적 역할을 했다는 얘기였다. 후배는 창업 초기부터 지금까지 인테리어 공사가 끝날 때마다 블로그에 그 내용을 꼼꼼히 기록했다. 그래서 지금은 블로그를 보고 일을 의뢰하는 분들이 많아 따로 영업이 필요 없을 정도라 했다. 수주 대부분이 블로그에 수년간 쌓아온 공사 사진과 콘텐츠를 보고서 연락을 해온 것이고, 공사 실적이 쌓일수록 찾는 고객도 점점 많아지고 있다고 했다. 후배 얘기 중 특히 인상적이었던 부분은 고객과 미팅을 할 때 고객들이 이미 자신을 잘 알고 있는 사람처럼 여긴다는 거였다. 직접 만나 본 적은 단 한 번도 없지만, 블로그를 통해 이미 여러 번 만난 사람처럼 생각한다는 것이다. 그러니 경계하는 마음은 사라지고 대화도 잘 될 수밖에 없다고 했다.

나 또한 비슷한 경험이 있다. 얼굴 한 번 본적은 없지만 이미 알고 있는 사람처럼 친근하게 이메일을 보내고 메시지를 전해오는 고객들 말이다. 이런 분들과 일하게 되면 일반적으로 생각하는 갑을 관계가 아닌 파트너로서 나를 대해준다는 인상을 받을 수 있다. 그래서 향후 일을 진행할 때도 수월하다. 그동안 내가 SNS 등으로 밝힌 디자인, 브랜드 등에 대한 내 생각에 충분히 공감한 분들이기 때문에 설득이라는 과정이 조금 생략되어도 된다. 구구절절 설명할 필요도 없이 바로 본론으로 들어갈 수도 있다. 내가 올린 콘텐츠에 수년간 노출된 사람들은 오래전부터 알고 지냈던 친구보다 어떤 면에서는 나를 더 잘 안다고도 할 수 있다. 이처럼 일로써 관계를 맺기 전까지 정서적 교감은 굉장히 중요하다. 교감은 반드시 대면을 통해서만 이루어지는 것은 아니다.

사업을 한다는 것은 관계의 확장이다. 어떻게 하면 나의 영향력을 키울 수 있을지, 이에 대한 문제 풀이 과정이기도 하다. 이 문제를 잘 풀기 위해서는 고객에게 최대한 나를 많이 노출하는 것이 중요하다. 정서적 교감의 횟수를 늘리는 것이다. 회사(브랜드)가 친구처럼 생각되면서 속속들이 안다고 느껴지면 그것만큼 친근한 것도 없다. 이때가 되면 부족한 점이 있어도 다 이해해주고 싶고 용서해주고 싶은 마음이 생긴다.

　내가 하는 사업이 어떤 사업이고, 어떤 과정을 거치며, 어떤 결과를 가져오는지 세세하게 친구에게 말하듯 알려보자. 직접 말하는 방법도 좋지만 홈페이지, 블로그, 각종 소셜네트워크 등의 온라인을 통해 하는 게 더 좋다. 때로는 실수하는 일을 공개해도 좋다. 이 또한 신뢰를 얻는 과정이다. 그 사이 나는 실력을 쌓고, 고객들은 마음을 열고 우리 말에 귀 기울이는 준비를 할 것이다. 이러한 과정을 통해 서로 신뢰를 쌓게 되면 관계는 지속될 수밖에 없다.

17

외롭지 않게
일하는 법

내가 하는 일을 가족들에게 자주 말하는 편이다. 아내에게도 그렇고 심지어 아이들에게도 그렇다. 나를 빼면 가족 모두가 디자인이나 브랜드와는 전혀 무관한 사람들인데도, 그렇게 하는 데에는 몇 가지 이유가 있다.

가장 먼저는 가족에게 프로젝트를 설명하면서 나 스스로 이해도를 높이고 생각을 정리해보고 싶기 때문이다. '엘리베이터 스피치'라고 들어봤을 것이다. 엘리베이터로 이동하는 짧은 시간 안에 하고 싶은 얘기를 핵심만 뽑아 전달하는 것을 말한다. 짧은 시간 안에 자신의 얘기를 전달하는 것은 마치 백 장 짜리 보고서를 한 장으로 축약하는 것과도 같다. 최대한 쉽게 설명하면서도 중요한 요소는 놓치지 말아야 한다. 그런데 이 방법은 평범한 일반 소비자인 아내에게 설명하는 것과도 크게 다르지 않다.

사전 지식이 없는 사람에게 길고 장황하게 설명할 수는 없다. 엘리베이터 안에서 말하듯 쉽고 짧게 설명해야 한다. 그래서 내 설명만으로 아내가 무슨 프로젝트인지 이해하고 어떤 효과를 거둘 수 있는지 알 수 있다면, 내가 핵심을 잘 파악하고 잘 설명하고 있다는 것이 된다. 반대로 무슨 소리인지 모르겠다는 반응이 나오면 아직 내가 프로젝트의 핵심을 잘 파악하지 못하고 있는 것이 된다. 아내 말고 아이들에게 설명하는 것은 이보다 난이도가 더 높다. 이미 알고 있는 브랜드나 산업이면 그나마 쉽겠지만 그렇지 않다면 시작도 하기 전에 말문이 막힌다. 이런 상황에서 아이들이 고개를 끄덕일 정도로 아빠의 일을 이해한다면 내가 핵심을 더더욱 잘 짚고 있다고 봐도 된다.

이렇게 모르는 사람에게 설명하다 보면 나 스스로 프로젝트를 객관화해서 들여다보는 기회도 가지게 된다. 아주 작은 규모의 모니터링이지만 "이런 디자인을 하면 어때?" "이런 디자인이 나오면 관심이 갈 것 같아?" "구입할 마음이 생길까?" 등을 질문하다 보면 나 스스로 한 발 물러나 문제를 바라보게 되는 효과를 얻게 된다. 그리고 프로젝트에 대한 관여도가 낮은 사람들이 무심코 던지는 한 마디에서 좋은 아이디어를 얻기도 한다. 그리고 가족이기 때문에 마냥 좋은 피드백만 하지도 않는다.

냉정한 평가도 객관화하는 데 도움을 준다.

이런 과정을 거치다 보면, 자연스럽게 내가 하는 일이 가족에게 알려진다. 개인적으로는 이것이 가장 중요하다고 생각한다. 아빠는 왜 남들처럼 큰 회사가 아니라 작은 회사에서 일하는지, 왜 다른 사람들과 함께 일하지 않고 혼자서 일하는지. 이런 것은 1인 회사의 대표로서 짊어져야 할 무게를 조금은 나누는 일이기도 하다. 처음에는 딱딱한 일 얘기를 집에서 하는 것이 뭐가 좋을까 싶기도 했다. 그리고 굳이 가족에게까지 복잡다단한 일을 옮겨야 하나 생각도 들었다. 하지만 1인 회사가 되면 일터의 구분도, 일과 시간의 구분도 없는 것이 현실이기 때문에 가족의 이해를 구한다는 측면에서도 이런 과정을 거치는 것이 좋다.

디자인이라는 업무는 언제나 내 일상에 가까이 있기 마련이다. 업무와 일상을 완전히 분리한다는 것은 불가능하다. 식품회사 브랜드를 개발하는 프로젝트를 하는 중이라면 간식을 사려고 잠깐 들린 편의점에서도 그리고 장보기를 위한 마트에서도 시장 조사가 자연스럽게 이루어진다. 만일 여성 화장품 브랜드 개발을 의뢰받았다면 평소에는 관심도 없던 아내의 화장대도 달리 보이게 된다. 이처럼 쉬면서도 일하고, 일하면서도 쉬는 것이 1인 사업가의 운명이다.

18

나를 도와줄
파트너 찾기

'새소년'이라는 락밴드가 있다. 락 장르가 힙합에 비하면 맥을 못 추고 있는 요즘이지만 작사 작곡에 연주 실력까지 갖춘 밴드는 데뷔하자마자 큰 주목을 받았다. 나도 이 밴드를 보면서 예전같은 락 부흥기가 다시 올 수 있겠다 싶을 정도로 가슴이 뛰었다.

이들은 기존의 락밴드와 조금 다른 특이한 점을 갖고 있었다. 실력도 실력이지만 멤버를 구성하게 된 히스토리가 특이했다. 리더 황소윤씨는 인스타그램을 샅샅이 뒤져 자신이 추구하는 음악과 맞는다고 생각하는 드럼, 베이스의 연주자들을 찾아 무작정 메시지를 보냈다고 했다. 그렇게 만나서 음악에 대한 대화를 충분히 나눈 다음 한 팀이 되었다고 했다. 보통은 소개를 통해 연주자를 구하는 것이 일반적인데, 리더가 먼저 자신이 추구하는 음악을 세팅해 놓고 여기에 맞는 사람을 찾아서 정식 제안을 구하고 팀을 구성한 방식은 기존과 달랐다. 그런데 이러한 방식은 사실 내가 1인 기업을 운영하면서 협업을 위한 파트너를 찾는 방식과 무척 닮아 있다.

현재 나는 함께 일하는 사람 모두를 소셜미디어를 통

해 만나고 있다. 소셜 네트워크에는 정말 재능 넘치는 디자이너와 창작자들이 많다. 그리고 어느 한 분야에 특화되어 꼭 이 사람이다 싶을 정도로 뛰어난 능력을 갖추고 있는 사람들도 있다. 나는 그런 분들을 계속 팔로워하며 그들의 활동을 눈여겨보고 있다.

실제로 오랫동안 눈여겨 본 분과 함께 브랜드 네이밍 프로젝트를 진행한 적 있다. 사실 네이밍은 내 전문 분야는 아니라서 처음에는 망설였다. 네이밍 프로젝트를 완벽하게 이끌어 본 경험이 없는 내가 프로젝트 매니저가 되는 것도 그렇고, 그런 불안함을 안고 그분에게 자신 있게 함께 하자고 말하기도 부담스러웠다. 하지만 그런 두려움을 잠시 잊고 자신 있게 밀어붙일 수 있었던 것은 그분 실력에 대한 확신때문이었다. 그러나 나의 부족한 점까지도 보완해 줄 수 있는 능력을 갖춘 분이라고 판단하기 까지에는 꽤 오랜 시간이 걸렸다. 1년이 넘는 시간 동안 소셜네트워크를 통해 지켜본 결과였다.

이들과 함께한 팀 경험은 정말 오랜만에 함께 일하는 즐거움을 줬다. 프로젝트가 성공적으로 끝난 것은 말할 것도 없고, 함께 한다는 사실만으로도 무척 보람된 일이었다. 나에게 없던 팀이 하나 생겼다는 의미도 되었다. 외주 비용이 부담스럽지 않은 것은 아니지만, 돈을 뛰어넘은 팀 구성은 일하는 맛을 느끼기에도 충분했다.

지금은 나와 맞는 사람이 알아서 찾아와 주기를 기다리기보다는 스스로 내게 맞는 사람을 찾아가는 시대다. 소셜미디어는 자신의 능력치를 보여주고 그걸 통해 실력을 가늠해볼 수 있는 아주 좋은 플랫폼 역할을 한다. 사실 포트폴리오나 이력은 화려하게 꾸미고 과장하기가 쉽지만 SNS 채널에 올려놓은 수많은 콘텐츠는 거짓말을 하지 못한다.

일상의 사진에서부터 작업 결과물까지 모든 것을 통합적으로 보고서 그 사람이 나와 맞을지, 이번 프로젝트에 어울릴지 가늠해 보고 연락을 취한다. 나는 이런 방식으로 나와 지향하는 바가 비슷하고 내가 갖지 못한 재능을 갖고 있는 파트너들을 끊임없이 탐색하고 관찰해 갈 예정이다. 이렇게 맺어진 인연은 1인 회사인 나에게 든든한 자산이 될 것이다.

19

브랜딩을
한다는 것

브랜드 빌더인 '브랜더'(브랜드 담당자 정도로 이해해도 좋겠다)를 종종 의사에 비유하기도 한다. 브랜드를 진단하고 문제 해결을 도와주는 등의 활동은 일종의 생명 유지와 비슷한데, 마치 사람의 생명을 다루는 의사와 같다. 하지만 브랜더와 의사는 근본적으로 다른 점이 하나 있다. 의사는 이미 존재하는 사람을 대상으로 하지만, 브랜더는 세상에 없는 것을 상대한다(브랜드 리뉴얼이라면 상대가 그래도 좀 분명해진다).

대상이 없다는 막연함은 여기에만 그치치 않는다. 브랜드가 사람처럼 어디가 아프다고 말하지도 못하기 때문에 브랜드의 문제점을 파악하려면 해당 브랜드를 사용하는 고객들의 얘기를 직접 들어봐야 문제 해결의 단초를 찾을 수 있다. 또 다른 막연함은 경영 차원에서도 발생한다. 브랜드의 방향이 뭔가 잘못됐다고 느낄 때 이건 영업이나 마케팅의 문제일 수도 있고, 더 나아가 경영진의 태도나 철학의 문제일 수도 있다. 이렇게 경영차원의 문제로 범위가 넓혀진다면 해결책은 좀 더 복잡해진다.

이런 어려움과 복잡성 때문에 브랜드가 겪는 문제들은 한순간의 조치로 해결된다기보다는 오랜 시간에 걸쳐 서서히 해결된다고 봐야 한다. 즉, '개발'로 끝나는 것이 아니라 개발 이후 '지속'되는 개념이고 사업 철수 전까지 '완료'라는 것도 없다고 할 수 있다. 이렇게 보면 브랜딩은 병을 치료하는 목적이라기보다는 병이 생기지 않도록 하며 병이 생기더라도 금방 제자리를 찾을 수 있다는 믿음을 심는 일이라고 할 수 있다. 즉, 브랜드를 애용하는 고객들로부터 호감을 쌓으며 면역력을 기르고 기초 체력을 올리는 일인 셈이다. 그래서 어쩌다가 작심해서 성공한 단기 다이어트가 아니라, 중장기적인 식습관과 체질을 바꾸는 솔루션이라고 할 수 있다. 그래서 브랜딩은 답답하고 지루한 싸움이고 장기전에 가깝다.

단기적인 프로젝트가 일시적인 해결책을 제공해 줄수는 있지만 그것이 근본적인 해결책이 되기는 어렵다. 브랜드 개발의 성과를 보기 위해서도 인내가 필요하고, 브랜딩 효과가 극적인 매출로 바로 나타나거나 사람들의 뜨거운 반응을 바로 확인할 수 있는 것도 아니고, 내가 잘한 것인지, 그렇지 않은 것인지를 금방 판단하기도 어렵다. 한마디로 브랜드 개발의 성과를 보기 위해서는 인내가 필요하다. 그래서 이 분야에서는 유명하고 뛰어난 브랜드 컨설팅 실력을 갖춘 사람이라 하더라도 컨설팅 한 브랜드가 무조건 성공한다고 보장하기는 어렵다. 왜냐면 실제 브랜드 운용 조직이 얼마나 잘 가꾸느냐에 따라 브랜드의 성공이 결정되기 때문이다.

일시적인 쇼로 사람들의 이목을 일순간 모을 수는 있지만 수년 동안 쇼를 이어가면서 버틸 수 있는 브랜드는 세상에 없다. 강력한 브랜드를 구축하고 있는 나이키, 스타벅스, 애플 등이 어느 한순간의 쇼를 통해 만들어진 브랜드는 아니다. 오랫동안 수많은 제품이 탄생하고 사라지는 과정 속에서 단일한 이미지가 형성되어 지금에까지 이르고 있다. 그래서 컨설팅 하는 입장에서 브랜딩 자체를 계량화해서 내가 잘했다 못했다, 실력이 있다 없다를 입증하는 것은 무척 어려운 일이다. 결론적으로 애기해 브랜드는 사람이 만들지만 브랜드의 완성은 시간이 만든다는 사실을 잊어서는 안 된다.

1인 기업에게 브랜딩은 곧 회사의 생명력을 만들고 키우는 일이다. 브랜더 역할을 할 사람은 결국 창업자인 나 자신이다. 습관처럼 오랜 인내를 갖고서 꾸준한 노력을 기울여야 한다. 누가 만들어주는 주는 것이 아님을 반드시 기억해야 한다.

20

개인 브랜딩은
필수

혼자 일하며 회사를 운영해가는 건, 나라는 브랜드의 한계를 매일 실험하는 일이며 가지고 있던 재능과 그동안 쌓아왔던 경험의 총합을 극단까지 투입해보는 일이다. 그러면서 나라는 브랜드를 새롭게 발견하고 성장시키는 일이다. 그렇게 해서 잘 성장한 브랜드는 시장에서도 좋은 평가를 받는다. 그러므로 1인 회사에서 개인 브랜드를 완성해 나가는 것은 그 어떤 일보다도 중요하다. 우리 회사의 경쟁력은 결국 나라는 브랜드에서 나오기 때문이다.

회사 다닐 때는 나를 브랜드로 인식하기가 어렵다. 그러나 홀로 독립을 해보면 더 이상 기댈 곳이 없다는 것을 알게 된다. 그동안 내가 케어한 브랜드가 내 것이 아님을 알게 되면서 이제는 온전히 내 힘만으로 브랜드가 되어야 한다는 것을 깨닫는다. 불과 얼마 전 까지만 해도 ○○기업의 대리님, ○○브랜드의 마케터로 불렸는데, 이제는 ○○회사의 대표 혹은 실장 등으로 불리게 되면서 회사 이름이 뭐가 됐든 결국은 내 이름 석 자로 커뮤니케이션하고 인정을 받아야 한다. 그래서 내가 잘

되면 회사도 잘되고 우리 브랜드도 멋져 보이고, 반대로 내가 별 볼 일 없으면 회사는 물론이고 브랜드도 별게 아닌 게 된다. 회사랑 나랑 완벽한 싱크로율 상태가 되는 것이다. 이처럼 1인 회사의 성장은 개인 브랜드의 성장이라고 해도 무방하다. 이 말을 반대로 바꾸면 나라는 브랜드가 한 자리에 멈춰 있으면, 내 회사도 꼼짝없이 그 자리 그대로 머문다는 것을 뜻한다. 그래서 1인 회사의 출발은 곧 개인 브랜딩의 출발이라고 해도 틀린 말이 아니다.

1인 회사를 꿈꾸는 사람이라면 조직에 소속되어 회사를 다닐 때부터 개인 브랜드 역량을 키워 놓는 것이 중요하다. 내일이라도 회사 간판을 떼면 아무것도 할 수 없는 일종의 부품이 아니라, 마치 독립 제품처럼 움직이는 힘을 키워야 한다. 그런데 이런 힘은 단번에 키울 수 없다. 그래서 회사에 있을 때 회사의 주인처럼 행동하고 일하는 태도를 미리 익혀 놓는 것이 중요하다. 마치 내 회사라고 생각하고 미리 예행연습을 해보는 것이다. 그러면 지금 다니는 회사에도 충실하면서, 앞으로 독립해서도 큰 도움을 받을 수 있다.

그렇다면 1인 회사로 독립해서는 어떻게 개인 브랜딩을 해야 할까? 무엇보다 '나는 누구인가?'라는 질문의 끈을 놓치지 말아야 한다. 이는 내가 시장에 존재해야하는 이유를 묻고 그것을 찾아가는 것과도 같다. 이런 과정을 거쳐 비로소 나라는 브랜드의 정체성이 명확해지면 자연스럽게 개인 브랜드로 전환이 되고, 이렇게 강화된 개인 브랜드는 회사의 성장과 함께하게 된다.

개인적으로는 개인 브랜드를 떠올렸을 때 생각나는 한 분이 있다. 바로 '앙드레 김'이라는 대한민국의 전설이 된 패션 디자이너다. 1962년 한국 최초의 남성 패션 디자이너로 데뷔해 2010년 세상을 떠날 때까지 우리나라 패션계를 이끌었다. 당대에는 앙드레 김의 모델이 되어야 슈퍼스타의 조건을 갖춘다는 말이 있을 정도로 패션, 연예계에서 너무나도 유명한 분이었다. 그런데 앙드레 김을 더욱 돋보이게 한 것은 자신의 작품도 있었지만, 직접 입고 나오는 흰색 의상이었다. 그는 흰색 옷만 서른 벌이고 이를 번갈아 가며 입는다고 했다. 그 결과 어떤 매체에 노출되더라도 똑같은 모습의 앙드레 김이 복사되듯 나왔고, 많은 사람이 그를 기억할 수밖에 없었다. 사실 당시에는 괴이한 화장과 이상한 말투 때문에 좋은 시선으로 보는 사람보다 그렇지 않은 사람이 훨씬 많았다. 그런데 지금 가만 보면 앙드레 김은 굉장한 브랜더였다. 자신이 추구하는 디자인 철학을 옷에 투영했을 뿐만 아니라 자신의 브랜딩을 위해 30년 동안이나 불편함을 감수하면서 의도적으로 흰색 드레스를 고집했으니 말이다. 자신이 걸어 다니는 광고 매체이자 브랜딩을 위한 가장 효과적인 수단이라는 걸 간파한 분이었다.

이와 유사하게 자기만의 시그니처 패션 코드를 추구했던 사람이 또 있다. 바로 애플의 창업주였던 스티브 잡스다. 블랙 터틀넥, 리바이스 청바지, 뉴밸런스 992 운동화만 신었다고 하는 스티브 잡스는 일본의 소니를 방문했다가 직원들이 통일적으로 입고 있는 유니폼이 소니만의 브랜드 특징을 살리고 직원들의 단결심에도 좋은 영향을 줬다는 얘기에 감명을 받고 자신 또한 청바지에 검은색 터틀넥을 유니폼처럼 착용했다. 잡스 외에도 페이스북의 CEO 주커버그도 한때 옷장 안에 회색 티만 스무 벌이 있었다고 한다. 옷을 고르는 고민의 시간을 줄여 일에 대한 집중력을 높이고 더 나은 제품과 서비스를 만드는데 시간을 쓰려 했다는 것이 이유였다. 스티브 잡스와 주크버그도 자신들의 철학을 매일 입는 옷에 드러냈고, 이 행동은 의도하든 그렇지 않든 개인을 위한 브랜딩이 되었다. 배달의 민족 창업자였던 김봉진 대표도 자신의 브랜드 이미지 때문에 머리를 스님처럼 깎았다는 인터뷰를 본 적이 있다. 실제로 민머리를 하자 사람들이 디자인 잘할 것 같다는 얘기를 했다고 한다.

앙드레 김, 스티브 잡스, 주커버그, 김봉진 대표의 예를 들었다고 해서 그들처럼 독특한 스타일을 추구하자는 뜻은 아니다. 옷이나 헤어스타일은 사람들에게 종일 반복 노출되는 것으로 그런 점에서 보면 가장 효과적인 브랜딩 매체인 것은 맞다. 하지만 이런 패션 코드나 스타일이 개인 브랜딩의 전부는 아니다. 여기에는 그 사람의 말과 글, 행동과 말투 그리고 철학과 가치관이 기본적으로 포함되어야 브랜딩으로서 힘이 발휘된다.

나도 몇 가지 장치를 통해 나라는 개인 브랜드의 스타일과 분위기를 어떻게 가져갈지 고민이 많았다. 단지 남들에게 보이고자 하는 이미지 때문만은 아니고, 개인 브랜드로서 내가 나아가야 할 방향에 대해 고민이었다.

　누구인지부터 질문하고, 어떤 이미지로 소통하는 것이 좋은지 설정하고, 어떻게 고객에게 인식될 것인지, 고객은 어떤 느낌을 받을지, 시시때때로 생각하는 걸 습관화해야 한다. 그리고 꾸준한 실행을 이어가야 한다. 그러면 내가 운영하는 회사의 브랜드 가치도 함께 올라간다.

21

디자인 씽킹
익히기

대학 때 과제로 '나비 축제 포스터 디자인'을 한 적 있다. 그런데 이 포스터가 왜 필요하지? 어떤 생각을 담아야 하고 사람들에게 어떤 인상을 줄수 있지, 에 대한 생각은 해보기도 전에 덮어 놓고 나비를 어떻게 그리지, 어떤 나비를 그릴까, 붓으로 그릴까 펜으로 그릴까, 물감이 좋을까 아니면 컴퓨터 그래픽이 좋을까, 부터 질문했다.

첫번째 질문이 이렇게 잘못되니 당연히 결과물도 산으로 갔다. (시간이 한참 흘러 당시 제출했던 포스터를 고향집에서 본 적이 있는데, 저 때는 왜 저것밖에 못했을까, 라며 생각하지 않을 수 없었다.)

그렇다면 지금 다시 '나비 축제 포스터 디자인'이라는 프로젝트가 주어진다면 어떻게 할까? 일단은 대학 때와는 출발부터가 다를 것 같다. 우선 브랜딩 차원에서 페스티벌의 의미와 가치부터 다시 규정해 볼 것 같다.

하나씩 해보자. 맨 먼저 페스티벌을 찾는 사람들이 어떤 마음을 가지고 이곳을 올지부터 고민해보자. 나비 축제니까 나비가 우선이 될 수 있지만, 실제 축제에 가보면 나비보다 꽃이 더 많이 보이고 사진에도 당연히 꽃이 더 많이 보인다. 그럼 나비와 꽃이 사이 좋게 어우러진 모습을 포스터로 만들어야 할까? 그런데 한편으로는 그런 생각도 든다. 나비나 꽃을 너무 강조하다 보면, 마치 곤충 채집장 내지는 학습장 같은 행사로 보이지 않을까? 그럼 다시 생각해보자. 꽃이나 나비 대신 축제에 방점을 두는 건 어떨까? 행사 최종 목적은 나비를 매개로 사람들이 축제를 즐기고 행복해하고 그 공간 안에서 좋은 시간을 보내는 것임에 틀림없다. 그렇다면 포스터에 이런 점이 잘 드러나야 한다. 이곳을 방문하게 되면 내가 어떤 것을 느끼고 얻을 수 있는지 방문자 입장에서 표현되는 것이 핵심이다. 그리고 여기에 나비라는 힌트가 빠져서는 다른 축제와 구별이 되지 않으니 당연히 나비도 빠지지 말아야 한다.

디자인 씽킹이라고 하는 것은 이런 식으로 흘러가야 한다. 이는 어떤 일을 기획하고 분석하는 것과도 크게 다르지 않다. 다시 축제 포스터로 돌아가보자. 나비를 주제로 하되, 축제의 분위기를 살리는 디자인이면 된다. 나비만 표현해서는 축제라는 분위기를 살릴 수 없고, 축제만 표현하면 여타 다른 축제와 구별이 안 돼 차별성을 갖기가 어렵다. 결국 나비와 축제의 이미지를 조화롭게 표현하는 것이 나비 축제 포스터의 아주 기본적인 디자인 방향이 된다.

그런데 이 문제를 조금 더 복잡하게 바꿔보자. 그냥 '나비 축제'가 아니라 행사 명칭에 지역 이름이 붙으면 어떻게 될까? '파주 나비 축제'처럼 행사를 주관하는 '파주'라는 지역명이 들어가면 어떻게 디자인이 바뀌어야 될까? 나비도 있고 축제도 있고 파주도 있어야 할까? 그럼 요소를 하나 더 추가해서 '2022 파주 나비 축제'처럼 개최 연도까지 들어간다면? 여기에 '2022 파주 통일 나비 축제'처럼 '통일'이라는 단어까지 더해진다면? 디자인하는 입장에서 머릿속은 점점 더 복잡해진다.

디자인을 하면서 이런 생각의 단계를 하나씩 밟는 것은 굉장히 중요하다. 실제 표현을 하기에 앞서 이런 방식으로 생각의 구조를 짜는 이유는 어떤 주제와 테마로 디자인을 전개할지 혹은 어떤 메시지를 중심에 두고 디자인할 것인지가 결과물에 큰 영향을 미치기 때문이다.

단지 디자인하는 실력의 문제라기보다 소통하고자 하는 대상과의 커뮤니케이션의 문제라고도 볼 수도 있다. 그래서 디자이너는 잘 표현하는 능력도 배워야 하지만, 무엇을 어떻게 커뮤니케이션 할 것인지 메시지를 뽑고 해석하는 능력도 키워야 한다. 행사의 성격에 맞는 주제도 아니고 메시지도 특별한 게 없다면, 아무리 멋진 표현과 천재적인 감각으로 디자인한다고 한들 아무런 공감도 얻을 수 없다.

디자인을 할 때는 반드시 탄탄한 생각의 구조를 짜고 설계해야 한다. 꼼꼼하게 나눠보고 분석하고 치밀한 이성이 작동되도록 해야 한다. 그런 다음 머리를 최대한 말랑말랑하게 하고 감수성을 모락모락 피워내면 된다.

혼자 일하다 보니 보고할 일도 컨펌받을 일도 없다는 생각에 오히려 더 주먹구구로 감에 의존하는 일 습관에 빠질 수 있다. 1인 회사에서의 논리적이고 분석적인 사고는 혼자서 하는 의사결정의 실수를 줄이데 도움을 준다. 다음 글에서는 이 같은 디자인 씽킹을 좀 더 쉽게 하는 방법인 '쪼개기'에 대해 알아보자.

22

쪼개기로
개념 정리

브랜딩 프로젝트를 맡게 되면 제일 먼저 "과연 이 브랜드가 가진 의미와 개념이 뭘까?"부터 파악한다. 초반에는 이 질문에 가장 많은 시간을 쓴다. 그리고 어느 정도 이해력이 생기고 나면 "이걸 통해 이루고자 하는 목표는 뭘까?"로 질문은 이어진다. 어떤 프로젝트든 시작은 이렇다. 그런데 질문에 대한 답이 쉽사리 찾아지느냐 하면 그렇지 않을 때가 훨씬 많다. 그럼 어떻게 해야 할까? 미리 답을 얘기하자면, 개념을 작게 쪼개 보는 방법이 있다. 즉, 덩어리진 브랜드를 한 번에 파악하고 정의 내리기가 쉽지 않으니 낱개의 단어로 쪼개는 것부터 시작하는 방법이다.

창업 초기 '서연아이여성병원' 브랜딩을 진행할 때 이 방법을 썼다. 병원 이름을 최소 의미 단위로 쪼개 보면 서연, 아이, 여성, 병원이라는 단어로 나눌 수 있다. 그런 다음 각각의 단어가 지니고 있는 의미와 개념을 밑바닥까지 파보았다. '서연'은 원래 개원의들의 출신 학교 첫 글자를 딴 것이었다. 이 아이디어도 재미있었지만 나는 여기에 더해 '서로의 인연'이라는 새로운 개념을 붙였다. 환우와 의사 사이이기도 하고, 아이와 엄마의 관계이기도 했다. 이처럼 '서연'에 새로운 의미를 부여하니 다른 병원과 명확히 차별화되는 요소가 생겼다. 다음으로 '아이'를 보자. 아이는 난임병원으로서 병원의 정체성을 담은 핵심 키워드였다. 엄마의 소망이 담긴 단어이고 병원이 환우들에게 줄 수 있는 최고의 선물이기도 했다. 다음으로 '여성'이라는 키워드도 그냥 지나칠 수 없었다. 아이를 갖기 위해 노력하는 여성의 마음을 잘 이해하고 보듬어 줄 수 있는 의료 환경을 어필한다. 마지막으로 '병원'은 이 브랜드의 본질에 해당했다. 이렇게 '서연아이여성병원'이라는 이름의 최소 단위만을 갖고서도 브랜드의 기초를 다지는 개념을 새롭게 정의할 수 있고, 병원이 가지는 가치와 철학 나아가 비전까지 모두 파악된다. 이처럼 다른 곳에서 신박한 개념을 찾는 것이 아니라 브랜드 이름에서부터 출발하면 훨씬 접근이 쉬워진다.

합성어가 아닌 단일어로 된 명칭은 쉽지 않겠지만, 영문으로 된 브랜드명도 위와 같은 방식으로 쪼개기가 가능하다. 내가 했던 프로젝트 중 PHYTOVER(피토버)라는 브랜드가 있었다. 이 브랜드는 식물 요법을 기반으로 하는 천연 화장품 브랜드였다. Phytotheraphy(식물요법)으로 Reviver(소생시키고), Reliever(구원)한다는 의미를 갖고서 개발된 제품이었다. 이 브랜드의 핵심 키워드는 식물에 해당하는 단어 'Phyto'로 이 단어 안에 브랜드의 차별성을 담아야 했다. 그리고 100% 식물성 성분으로 만든 제품은 흔하지 않기 때문에 이 또한 강조해야 할 개념이었다. 그리고 브랜드 네임 끝의 Reviver와 Reliever의 '-ver'발음은 소리 낼 때 입 모양이 벌어지는데, 나는 이를 보고 'Ever'와 같은 열린 개념의 이미지를 준다고 생각했다. 그리고 여기에 'Over'로 까지도 의미를 넓혀 '뛰어넘는다' '끝낸다'로도 확장할 수 있겠다는 생각을 했다. 그렇다면 전체 브랜드 개념은 이렇게 정리될 수 있다. "식물요법 화장품을 통해 피부의 고민을 한번에 끝낸다" 천천히 소생시킨다는 의미에서 빠르게 한번에 끝낸다는 의미로 제품의 특징을 조금 더 강조할 수 있었다. 결국 이 개념은 브랜드의 새로운 미션과 철학으로 채택되었고 브랜딩을 의뢰한 고객사도 이를 만족해

했다.

이처럼 쪼개기 방법은 브랜딩은 물론이고 회사 이름을 정할 때도, 새로운 비전을 선포할 때도, 어떤 일의 개념을 잡을 때도 무척 유용하다. 혼자 일하다 보면 회의라는 것이 없기 때문에 다양한 생각의 조합이라는 장점이 생기지 않는다. 그리고 중요한 의사 결정을 혼자서 해야 할 때도 있다. 이럴 때 블록 장난감이라고 생각하고 풀어야 할 숙제를 하나씩 분리해 보는 것이다. 가장 작은 단위로 쪼개다 보면 전체에서는 보이지 않던 것들이 드러난다. 그렇게 찾은 실마리는 일을 해결하는 포인트가 된다. 어떤 질문을 할 때도 마찬가지다. 큰 질문부터 하게 되면 숨이 턱하고 막히기 마련이다. 작은 질문부터 쪼개서 한 다음 큰 질문으로 연결시켜 가는 것이 좋다.

이런 방식으로 개념 정리를 하다 보면 누구라도 쉽게 핵심 파악이 되며 목표로 하는 목적지에 재빨리 다다를 수 있다.

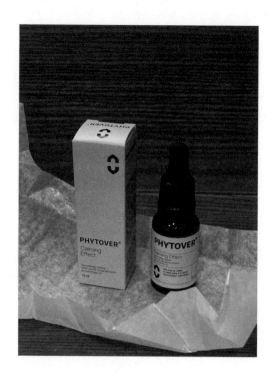

화장품 '피토버'의 패키지 디자인 모습. 브랜드를 이름부터 하나씩 쪼개 보면 평소 잘 보이지 않았던 것들이 보일 때가 있다. (작가 사진)

23

시나리오 쓰듯
기획하기

디자인이라는 말 안에는 계획, 설계, 체계 등 '명사'로써 기획의 의미가 포함되어 있다. 하지만 내부에 기획팀, 디자인팀 이렇게 역할 구분이 되어 있지 않다면, 만들고 표현하는 '동사'적 의미의 디자인에만 충실하게 된다. 고백건대 나 역시도 회사 다닐때 기획에 부합하는 디자인을 고민했다기보다는 내 생각과 감각에 의지해 디자인하고 아트웍을 내는데 더 많은 시간과 힘을 썼던 것 같다.

　그런데 1인 회사가 되면 기획과 디자인을 같이 해야 하는데, 자칫하다가는 동사적 의미의 디자인에만 더 집중하게 되는 실수를 한다. 그래서 디자이너가 독립해서 겪는 여러 어려움 중 가장 큰 것이 기획이다. 더군다나 기획 경험이 없고 익숙하지 않은 디자이너라면 마치 내 일이 아닌 것처럼 생각되기도 한다. 다시 한번 말씀드리지만, 기획은 아이디어만 있다고 해서 진행할 수 있는 것도 아니고, 탄탄한 논리가 바탕이 되어야 한다. 그렇지 않으면 고객을 설득하지 못한다. 한마디로 논리가 없다면 내 디자인은 갈 곳을 잃게 되는 것을 뜻한다.

1인 회사라면 디자이너이면서 동시에 기획자의 역할을 해야 한다. 작게는 프로젝트 견적과 일정을 제안하는 일에서부터 크게는 한 브랜드의 전체 방향성을 설정하는 제안까지. 이런저런 성격의 기획을 구상하고 문서화도 해야 한다. 나 역시도 이전까지만 해도 회사 내 기획팀에서 기획을 전담하거나 같이 회의하는 방식으로 아이디어를 모아갔는데, 독립해서 오로지 혼자서 하는 입장이 되고 보니 기획에 부담감을 느끼지 않을 수가 없었다. 나아가 디자이너가 작성하는 기획서는 다른 사람들과 달랐으면 하는 욕심도 생겼다. 디자이너로서의 색깔이 묻어나는 기획서를 쓰고 싶었다.

맨 먼저, 나는 디자이너로서 디자인적 사고를 통한 기획을 먼저 생각했다. 디자인적 사고라 하면 '고객 경험'과 '감성'에 초점을 둔 기획을 말한다. 두 번째로는 '이야기'를 생각했다. 어떤 정보든 연결을 통해 새로운 이야기를 만들 수 있다면 새로운 가치를 더할 수 있다. 나는 이 두 가지를 바탕으로 '디자이너가 하는 기획은 영화 시나리오를 쓰듯 눈에 그려지게 해야 한다'는 원칙을 잡았다. PPT 장표 위에 건조하게 채워진 텍스트 뭉치가 아니라, 고객이 주인공인 영화처럼 어떤 한 장면이 그려지는 기획을 생각했다. 사실 이렇게 간단하게 얘기했지만, 여기까지 방법론을 정리하는 데에도 독립하고 2, 3년 정도의 시간이 필요했다.

그럼 지금부터 영화 시나리오 같은 기획서 쓰기, 어떻게 할 수 있는지 구체적으로 얘기해보자. 먼저 내가 하고 싶은 어떤 '이야기'를 머릿속에 떠올리는 일부터 시작해보자. 그런데 여기에 이야기를 넣으려면 준비가 필요하다. 가장 먼저는 기획할 대상의 구체적인 실체를 온전하게 파악하는 것부터 해야 한다. 이때 그냥 아는 정도가 아니라, 체화할 수 있을 정도로 깊이 아는 게 중요하다. 이 기초가 제대로 이뤄지지 않으면 공허한 이야기가 될 뿐이다.

이야기는 깊은 관심에서 나온다. 가령 어떤 지역 단체의 브랜딩 기획을 하게 되면 인터넷에서 지도부터 펼친다. 그 지역의 구석구석을 며칠동안 살핀다. 직접 가서 보고 그 지역 전부를 돌아다니면 좋겠지만, 시간적 여유가 없을 때는 구글 지도를 이용해 마치 그 일대를 여행하듯 꼼꼼하게 살핀다. 그러면서 이 공간안에서는 어떤 이야기들이 펼쳐질지 상상해본다. 이런 과정이 시나리오를 쓰는 첫 번째 출발이다. 작가들도 이야기의 중심이 되는 현장을 직접 방문하거나 관련 자료들을 구해 읽고 관련된 사람을 만나 이야기를 듣는다. 이렇게 관심을 두고 주제를 들여다보면 자연스럽게 프로젝트에 대한 애정이 생기고 이야기의 실마리를 찾게 된다. 여기에 여러 사건이라는 콘텐츠가 부가되면 전체적인 틀은 어느 정도 나오게 된다. 세세한 아이디어를 채우는 작업은 하나씩 해나가면 된다.

머릿속으로 어떤 흐름을 갖고서 기획서를 쓰면 생생한 이야기를 바로 옆에서 듣는 것 같은 몰입감을 만들 수 있다. 그런 다음에는 썸네일을 그려봐야 한다. 썸네일은 엄지손톱만 한 작은 그림을 연속적으로 그려보는 것이다. 노트에 작은 칸을 만들어 마치 만화처럼 그림이나 텍스트를 넣어본다. 이건 주로 광고 영상을 찍거나 영화를 찍기 전에 감독과 연기자, 스텝 등이 함께 일할 때 쓰는 방법이다. 시나리오를 더욱 눈앞에 그려지도록 해 배우들과 관계자들이 이해할 수 있는 일종의 시놉시스 같은 것이다.

　내 경우 펼쳤을 때 A4 정도의 크기가 되는 노트를 활용한다. 먼저 노트를 펼쳐 총 18개의 칸을 만든다(노트 크기가 한정될 수밖에 없으니 간단한 그림을 그리고 메모를 남기는 정도로 이해하면 된다). 순서대로 앞 3개의 칸은 초반부, 가운데 12개 칸은 중반부, 마지막 3개 칸은 마무리이다. 초기 3개의 칸에는 프로젝트의 배경을 간단히 설명하고 프로젝트가 끝났을 때의 목표와 기대되는 효과 등을 쓴다. 중반의 12칸은 프로젝트를 해결을 위한 방안과 접근 방법에 대해 쓴다. 그 방법은 브랜드 내부에서 찾을 수도 있고, 외부 고객이나 시장 환경 속에서도 찾을 수도 있다. 그런 다음 마지막 3칸은 앞의 내용을 요약하고 최종적으로 우리의 의견을 이렇다, 라고 정리하는 것으로 마무리한다. 여기에 앞으로 어떤 의사결정을 해야 하고 일정은 어떻게 되는지도 추가한다. 각각의 썸네일들은 한눈에 직관적으로 들어오는 도형과 이미지도 좋고, 이미지 스톡에서 내가 생각하는 것과 유사한 사진을 가져와 만화나 영화 장면처럼 구성해도 된다. 핵심은 이 흐름 자체가 마치 하나의 기승전결이 있는 영화처럼 되어야 한다는 것이다. "이런 문제가 있는데 사람들이 고통스러워 해, 그때 갑자기 이것이 나타났어, 사람들이 편하게 쓰기 시작해. 드디어 문제는 해결되고 사람들은 행복해지고 평화가 찾아왔어." 마치 히어로 영화 한 편을 만든다고 생각해도 된다. 당연히 히어로는 기획의 주인공에 해당하는 제품(브랜드)이고, 고통스러워 하는 사람은 고객이다.

이미지 연출에만 익숙하고 뭔가 개념을 설명하고 글을 쓰는 것이 어려운 디자이너라면 기획서를 쓴다고 생각하지 말고 시나리오를 쓴다고 생각해보자. 디자이너들의 장점인 풍부한 시각 이미지를 머릿속에 떠올리며 기획를 하는 방법이다. 그 강점을 최대한 살려보자. 그러면 누구든 매력적이고 설득력 있는 기획을 할 수 있다.

노트 위에 썸네일 스케치를 한 모습. 영화의 한 컷 한 컷 장면들을 손톱만한 그림들로 설계한다는 생각으로 그리고 쓰다 보면 흥미로운 기획 한 편이 완성된다. 사진은 도형 위주로 메모 된 기획안이다.

24

문제 해결자보다
제안자로

최근 들어 뉴스레터를 발행하는 분들이 많아졌다. 꼭 기업이나 단체가 아니더라도 자기 PR이나 브랜딩 차원에서 뉴스레터 서비스를 하는 분들이 많다.

나는 뉴스레터 서비스를 우리 회사가 잘하는 일을 선보이는 공간으로 활용하고 있다. 즉, 누가 디자인 분석을 해달라고 의뢰한 적은 없지만, 특정 브랜드를 정한 다음 내 나름대로 분석해서 문제를 찾고 해결책을 모색해보는 일종의 '브랜드 리포트'이다. 이는 일종의 디자인 평론 같은 일로 내가 하는 일에 자신감을 얻고 예리한 시선을 유지하는 데 도움을 준다. 프로젝트 의뢰를 받을 때면 통상적으로는 "저희에게 이런 문제가 있으니 해결해 주세요"라고 요청을 받는 경우가 대부분이지만, 때에 따라서는 "우리는 무엇이 문제인지 모르겠어요"라고 말하는 기업이나 브랜드가 있다. 그 기업을 대신해 우리가 직접 문제를 찾고 해결책을 구상해보자는 것이다. 물론 해당 기업에서 우리 뉴스 레터를 보고 일을 의뢰할지 그렇지 않을지는 알수 없지만 말이다.

이처럼 수주 받는 일에서 연구하고 제안하는 일로 내

뉴스레터 '브랜딩 브릭'. 한 달에 1-2번 발행하는 뉴스레터를 통해 콘텐츠 기획력
을 올리고 회사의 미래 고객을 만나는 기회로 활용하고 있다. 현재 2천 명 가까운
구독자를 모았다.

일을 새롭게 해석하는 것은 일종의 컨설팅 서비스를 추가하는 것이라고 할 수 있다. 시작은 내 공부와 회사의 성장, 꾸준한 콘텐츠 쌓음 같은 니즈에서 비롯되었지만 뉴스레터를 보고서 실제로 일을 의뢰하는 분도 있고 도움이 되었다고 인사치레를 건네는 분들이 있는 걸 보면 많은 사람에게 도움을 주는 서비스가 되고 있다는 생각을 한다.

그래서 최근에는 회사의 사업 방향성을 '브랜드 스토리를 만들고 디자인을 도와주는 것'에서 '브랜드 교육과 컨설팅'을 추가하는 것까지도 시도해보고 있다. 이는 하나에만 집중한다는 것에 위배되는 것일수도 있다. 하지만 뉴스레터를 통해서 들어오는 고객의 반응을 보면 브랜딩의 필요성을 새롭게 느끼게 되었다거나, 무엇이 잘못되었는지 알게 되어서 좋았다는 얘기를 많이 했다. 그리고 관련해서 질문을 하거나 컨설팅을 받고 싶다는 얘기도 많았다. 이를 통해 분야를 가리지 않고 다양한 곳에서 브랜딩의 필요성이 대두되고 있다는 것을 알게 되었다. 실제로 상담 요청을 받아보게 되면 중소 기업에서부터 아주 작은 카페까지 무척 다양했다. 이들은 문제가 안되는 것을 문제로 생각하는 경우도 있었고, 전체적인 사업 방향에서 큰 문제를 갖고 있는 경우도 있었다. 함께 몇 분만 대화하면 금방 풀릴 수 있을 것 같은 것에서부터 당장 실천으로 옮겨야 하는 것도 있었다. 이런 분들에게 도움을 줄 수 있다면 향후 내가 하는 일에도 도움이 될 수 있겠다는 생각을 했다. 그래서 현재 이런 문제들을 상담해줄 수 있는 SNS 채널을 개설해서 시범 운영을 해보고 있다.

아직은 초창기이긴 하지만 이러한 적극적인 상담 서비스와 제안이 고객에게 도움을 주고 브릭이라는 회사에도 더 값진 생생한 경험을 줄 거로 생각하고 있다. 문제 해결자에서 제안자로 나를 재정의하는 것이 남과 다른 나를 만들 수 있고, 고객과는 디자인만 논의하는 사이가 아니라 사업을 함께 고민하는 사이로 신뢰를 쌓도록 도와주고 있다. 이것이 진정한 파트너 아니고 무엇일까.

1인 회사가 말하는 성장이라는 것은 직원을 늘리는 것도 있지만 내가 할 수 있는 일의 범위를 조금씩 확대

하는 것도 포함된다. 그리고 그 시작은 철저히 고객의 요구와 파트너의 신뢰 사이에서 시작되어야 한다. (내 욕심으로 했다가는 어떤 사태가 벌어지는지 앞서 얘기한 적 있다.) 그리고 진짜 내가 할 수 있는 일인지 자문하는 것도 중요하다. 하지 못하는 일을 하지 못한다고 말하는 것은 스스로 실력이 떨어진다고 말하는 것이 아님을 명심해야 한다.

25

브랜드 설명문 쓰기

많은 디자이너가 자신의 디자인을 설명하는데 어려움을 호소한다. 말로 들을 때는 어떤 생각과 의도를 가지고 디자인했는지 알겠는데, 글로 써 놓은 걸 보면 무슨 소리인지 모르겠거나 전혀 다른 뜻으로 이해되기도 한다. 느낌을 갖고서 디자인을 구상하고 그려내는 일에는 익숙하지만 그걸 논리적으로 풀어내는 것에는 어려움을 느끼는 것이 디자이너다. 나 또한 디자인 일을 시작할 때부터 고민하던 문제였다. 글쓰기가 어려울 때에는 정말이지 디자인하는 머리와 글을 쓰는 머리는 전혀 별개라는 생각이 들 정도였다.

신입 디자이너 시절 브랜드 로고의 설명문을 쓰기 위해 수십 번도 더 고쳤던 기억이 난다. 단 3줄 정도였는데 그걸 쓰던 일이 왜 그리 어려웠는지. 디자인은 금방 해 놓고 설명 글을 쓰는 데 몇 일이 걸렸다. 그런데 나중에 알고 보니 로고 디자인의 경우 설명문 쓰기가 다른 어떤 글쓰기보다도 더 수준이 높고 어렵다는 이야기를 들었다. 광고대행사 중역이었던 그분의 주장은 대략 이랬다.

"로고는 브랜드가 가진 의미와 가치를 함축해 놓은 건

데, 그 의도를 설명하기 위해서는 설명이 짧으면서도 뚜렷한 메시지를 전달해야 한다. 형식은 시 같은데, 내용은 설명문처럼. 그런데 그게 어디 쉬운 일인가. 짧으면서도 힘있게 말하고 싶고, 내용도 정확히 담아내는 서너 줄 문장은 글쓰기를 전문적으로 하는 사람에게도 어렵다. 그래서 우리는 회사 카피라이터들에게 로고 디자인 설명문을 쓰게 하면서 글쓰기 트레이닝을 시키고 있다."

이글을 보고서 디자인 설명문 쓰기가 어려운 것이 정상이고 나만 못하는 게 아니었구나, 하는 생각이 들며 작은 위안이 됐다. 기사 마지막에도 언급한 것처럼 글 쓰기는 몇 번 배운다고 해서 해결될 성질의 것이 아니니 계속 연습을 통해 해결하는 수밖에 없다.

그럼 실무적으로 디자인 설명문에 대해 찬찬히 살펴보자. 우선 설명문 분량은 너무 길어도 좋지 않고 총 3개의 단락으로 300자 정도가 적당하다. 첫 번째 단락에는 디자인 컨셉 의도를 쓴다. 이러 이러한 이유로 디자인 핵심 개념을 잡았고, 어떤 디자인적 테마를 설정해 디자인에 접근했는지 전반적인 개요를 적는다. 두세 문장이면 된다. 두 번째 단락에서는 디자인을 어떤 식으로 했는지 디자인의 표현이나 소재, 형태, 색상, 질감 등에 대해 설명한다. 왜 이런 디자인 장치가 효과적인지, 왜 이걸 선택했는지 설명한다. 마지막 세 번째 단락은 이 디자인이 적용됐을 때의 효과나 확장의 방법에 대해서 말한다. 고객이 이 디자인을 보고 어떤 반응을 할지, 다른 경쟁 브랜드의 디자인과 비교해 어떤 경쟁력과 차별성을 가지는지 써보는 것이다. 결과적으로 이 디자인을 채택하게 되면 어떤 효과를 얻을 수 있는지 밝히는 것이라 할 수 있다.

방금 설명한 방식대로 100% 맞게 쓰인 글은 아니지만, 디자인 회사 CFC가 쓴 세계적인 팝 그룹 BTS의 앨범 《Map of the Soul: Persona》의 커버 디자인 설명문은 그동안 내가 읽어본 어떤 설명문 보다도 좋은 인상을 주었다. 글을 읽다 보면 디자인 아이디어를 떠올리고 고민했을 디자이너의 생각과 일의 과정 등이 그대로 연상된다. 잘된 사례로 참고해 보면 좋겠다. 처음 이 짧은 설명문을 읽으며 감동을 받았던 기억도 난다. 매우 잘 쓴

설명문이라 전문을 그대로 옮겨 보겠다. 지금 잠시 검색
창을 열고 BTS의 앨범 디자인을 보고 아래 설명문을 읽
어 보면 더 좋겠다.

"Persona 앨범은 Love yourself를 이야기한 세계
적인 그룹, BTS의 새로운 여정에 관한 이야기입니다.
Persona는 나와 함께 살아가는 사람들의 사랑과 세상에
대한 관심, 그들과 함께 알아가는 작고 소박한 사랑의
즐거움을 노래합니다. 이번 프로젝트는 앨범 아이덴티
티, 컬러 및 그래픽에서 지기紙器구조(종이로 된 패키지)까
지 많은 고민이 담긴 작업입니다. 앨범 디자인은 Map을
은유하는 가변적 그리드 위에 Persona의 그래픽이 펼쳐
지는 형태입니다. 사랑의 기쁨과 즐거움, 설렘을 담아내
고자 리듬감 있는 형태의 하트를 유려한 선으로 표현했
습니다. 그리드 위에서 하트를 그리며 자유롭게 유영하
는 선은 지도 위에 펼쳐지는 사랑의 궤적을 은유합니다.
앨범의 상단 중앙에 위치한 Persona의 워드마크에는 사
랑의 무드로 일렁이는 감정을 담았습니다. 이번 앨범의
메인 컬러로 선택한 핑크는 각 버전에서 4개의 톤으로

변주되며, 앨범을 펼쳤을 때 드러나는 라이트블루와 함께 앨범의 감성을 전합니다. 앨범 커버를 열었을 때 우측에 꽂혀 있는 북클릿은 앨범과 분리될 수 있는 구조를 고안해 편의성을 높였습니다. 북클릿 내지의 그리드는 앨범 표지와 유기적으로 연결되며 앨범의 통일된 아이덴티티를 전달합니다." (CFC 대표 전채리 님의 설명 글)

디자인도, BTS의 음악도 너무 좋았지만 개인적으로 아직까지 가슴에 남아있는 건 디자인의 의도와 이유를 설명한 위의 문장들이다. 글을 잘 쓰기 위해서는 연습만큼 좋은 것도 없다. 이 글을 쓴 CFC의 전채리 대표는 아마도 꽤 많은 시간을 글쓰기 훈련에 썼을 것이다.

마지막으로 글쓰기에 대한 최고의 꿀 팁 하나를 공개하려 한다. 그것은 처음 시작할 때부터 설명문을 미리 쓴다고 상상하면서 디자인을 구상하는 방법이다. 만약 이렇게 해서 최종 디자인이 나왔다면 처음에 한 생각을 그대로 글로 옮겨 적기만 하면 된다. 이미지를 미리 떠올리고 기획하는 방식은 많은 크리에이터들이 쓰는 아이디어 발상법이다. 마찬가지로 디자인하기 전에 완성된 그림을 머릿속으로 그려볼 수 있는 능력은 디자이너에게만 주어진 가장 큰 장점이다(시나리오를 쓰듯 기획하는 방식도 이와 유사하다).

디자이너 출신인 내가 '이미지 상상'이라는 방법을 통해 기획서를 쓰고 글쓰기의 실마리를 잡는 것처럼, 1인 회사라면 자신의 장기와 장점에 집중해서 남과 다른 발상이나 업무 프로세스를 만들어 보는 것도 좋다. 정답은 없다. 나만의 노하우를 스스로 궁리해서 만드는 것이 최고의 정답이다. 그리고 많은 연습을 추가하는 것뿐이다.

26

고객과의
대화법

'말이 잘 통하는 사람'을 연인이나 배우자의 최우선 조건으로 꼽는 경우가 많다. 디자이너와 의뢰인과의 관계도 이와 다르지 않다. 그런 점에서 볼 때 서로가 쓰는 언어만 잘 이해해도 프로젝트의 절반은 성공한다.

서로의 언어를 잘 이해한다고 했을 때 일단은 디자인 서비스를 제공하는 내 쪽에서 좀 더 노력을 기울이는 수밖에 없다. 즉, 디자이너인 내가 고객사의 언어를 이해하려는 공부를 먼저 해야 한다는 것을 뜻한다. 가령 클라우드 관련 IT 회사의 브랜드를 개발한다고 해보자. 이 분야의 시장 동향이나 경쟁 환경을 떠나 사용하는 용어를 모르면 소통 자체가 불가능해진다. 용어에 관한 공부 없이 의뢰인과 미팅을 하게 되면, 고객사가 갖고 있는 사업의 본질이나 서비스 내용을 이해하기도 어렵고, 제안해오는 디자인물에 대한 핵심 니즈 파악도 어렵게 된다. 그러면 고객과의 소통 자체가 불가능해진다.

개인적으로는 그동안 작업했던 기업 중에서 전문성이 높은 기술 관련 기업일수록 소통이 어려웠다. 사실, 프로젝트가 아니라면 접할 일이 없는 기업이다. 예를 들면,

혈액 검사만으로 특정 병을 판별해내는 바이오 회사, 반도체 설계도를 그리고 필요한 부품을 만드는 회사, 자동차 전기 배터리에 들어가는 전해질을 생산하는 회사 등 전혀 모르는 분야의 업을 가진 기업일수록 미팅 때에는 더욱 긴장하게 된다.

일단, 첫 미팅 때에는 마치 기자가 된 것처럼 최대한 질문을 많이 하고 열심히 듣는 것으로 집중할 필요가 있다. 질문을 통해서는 앞으로 진행하려는 디자인과 관련된 사항들을 꼼꼼히 파악해야 한다. 그렇다고 취조하듯 답을 받아내야 하는 것은 아니다. 상대가 중요한 포인트를 스스로 말할 수 있게 대화의 방향을 이끌어가는 것이 중요하다. 이럴 때 필요한 것은 의뢰인(회사)에 대해 얼마나 많은 사전 지식을 갖고 있느냐이다. 그래서 프로젝트 초반부에는 의뢰인에 대해 철저하게 공부하는 것이 필요하다(기업에 관한 공부는 물론이고 해당 산업에 대한 공부도 필요하다. 유튜브를 잘 활용하면 최신 흐름이나 산업의 매커니즘 등을 어느 정도 겉핥기 수준에서는 파악할 수 있다).

프로젝트가 중반부에 돌입하면 이제 디자인 안을 제

고객사와의 미팅. 디자인은 소통에서 시작해 소통으로 끝난다고 할 만큼 고객과의 대화는 굉장히 중요하다.

안해야 한다. 이때는 내가 중심이 되어 상대 회사를 설득하고 제안하는 과정을 거친다. 당연한 얘기겠지만, 탄탄한 논리와 근거가 있어야 원활해진다. 프로젝트의 마무리 즈음에는 초기와는 반대로 의뢰인의 질문에 주로 답변을 하는 시기이다. 디자인은 어떻게 만들어졌으며, 앞으로 어떻게 사용하면 좋다 등의 브랜드 가이드 라인을 알아듣기 쉽게 전달해야 한다.

이렇게 과정마다 자연스러운 소통을 이어가려면 신뢰를 가지고 솔직하게 대화하는 것이 가장 중요하다. 크게 포장하지 말고 내가 할 수 있는 것과 불가능한 것을 확실하게 전달하는 것이 중요하다.

고객과의 대화는 서비스를 제공하는 사람 입장에서 숙명과도 같다. 만일 대화가 툭 끊기거나 할 말이 없다면 고객과 나 사이에 어떤 보이지 않는 문제가 있다고 의심해봐야 한다. 세심하게 관찰하면서 무엇이 문제인지, 고객이 말로 표현하지는 않지만 원하는 바가 무엇인지 잘 캐치하는 것도 중요하다. 좋은 대화자가 될 수 있어야 고객에게 좋은 회사로 존재할 수 있다.

27

낯선 브랜드
이해하기

대상 기업과 브랜드를 이해하는 일이 브랜드 프로젝트의 시작이다. 앞에서는 고객과의 대화를 통해 고객의 언어를 이해하는 것이 중요하다고 말했다. 이런 과정을 거치게 되면 머리로만 인지한 정보가 내 몸의 감각처럼 느껴지기 시작한다. 나는 이 과정을 '몸에 붙이는 것'이라고 표현한다.

이 정도 수준이 되려면 기업을 직접 방문해 일하는 사람들도 만나보고 분위기도 살펴보는 것이 필요하다. 여기에 주요 제품이나 서비스를 관찰하고 경험하는 것도 당연히 필요하다. 하지만 혼자 일하다 보면 항상 시간에 쫓기고 예산도 부족하고 그렇다. 그러다 보니 한 가지 프로젝트에만 집중해서 일하기도 쉽지 않다. 이것저것 중복되어 진행되는 프로젝트는 있기 마련이고 결국 짧은 시간에 최대한 이해도를 높이는 것이 가장 중요하다.

여기에 나만의 몇 가지 노하우가 있다. 첫 번째는 고객사의 언어를 이해하는 것이고(앞에서 얘기했다), 두 번째는 브랜드의 이름을 계속 불러 보는 것이다. 소리를 내서 부르는 게 가장 좋겠지만 상황이 안 된다면 마음속으로 불러보는 것도 괜찮다. 길을 가다가도 밥을 먹다가도 불러본다. 그렇게 브랜드를 공부하면서 이름을 불러보는 것이 일주일 정도가 되면 신기한 일이 일어난다.

처음에는 외계어 같던 업계 용어들이 낯설지 않게 된다. 절대 이해하지 못할 것 같은 정보들도 약간씩 이해할 수 있을 것 같은 느낌이 된다. 여기에서 '느낌'이라는 단어가 중요하다. 이해까지는 아니더라도 느낌이 오게 되면 정보 습득이 훨씬 편해진다. 그때부터는 조금 더 어려운 정보들을 찾아보면서 사업 전반에 대한 이해와 브랜드에 대한 이해를 함께 높여가면 된다(마치 온 우주가 나서서 나를 도와준다는 식의 얘기 같지만, 그럼에도 도움을 받았던 적이 여러 번 있어서 이렇게 여기 '느낌'적으로 밝혀 본다).

지난 5년의 경험 중에서는 IT 기업의 클라우드 브랜드를 개발할 때가 가장 어려웠다. 이 산업이 왜 중요하고 앞으로 어떻게 발전할지에 대해서는 알겠는데, 세세한 용어들은 도무지 이해가 되질 않았다. 클라우드라는 말처럼 그야말로 뜬구름처럼 내 머릿속을 떠다니고 있었다. 이러면 안 되겠다 싶어 클라우드 산업 관련 리포트들을 몇 개 찾아서 읽어 보기 시작했다. 그런 다음 회사 이름은 물론이고 전문 용어들도 소리 내서 입에 올려 보았다. 전공자도 아니고 이 분야 전문가도 아니라 완벽히 이해할 수는 없었지만 브랜드 개발에는 큰 도움이 되었다. 이렇게 느슨한 이해도를 갖는 게 완벽하게 이해하고 있는 기업의 관계자보다 오히려 고객에 가까운 관점으로 디자인을 구현할 수 있다는 장점도 있다.

경력과 경험이 쌓일수록 이런 과정이 중요하다는 것을 더욱 크게 느끼고 있다. 사실 이해가 잘 돼서 '내 몸에 딱 붙는' 느낌이 오면 프로젝트는 성공할 확률이 높아진다. 그래서 예전에는 1의 시간 정도만 할당했다면 이제는 3의 시간을 쓰면서 이 과정에 더욱 집중하고 있다.

브랜드 아이덴티티를 말할 때 수없이 인용되는 유명 시가 있다. 바로 김춘수의 '꽃'이다. "내가 그의 이름을 불러 주기 전에는 그는 다만 하나의 몸짓에 지나지 않았다. 내가 그의 이름을 불러주었을 때, 그는 나에게로 와서 꽃이 되었다"라는 이 짧은 문장 안에는 브랜딩의 본질, 브랜드의 정체성에 대한 핵심이 고스란히 담겨있다.

누군가를 불러서 그 존재를 규정해줬듯 브랜드 또한 우리가 자꾸 불러줌으로써 정체성이 형성되고 이해도도 올라간다.

브랜딩 프로젝트를 하고 있는데 이해하기도 어렵고 감이 오지 않는다면 계속 이름을 불러보자. 마음속으로 그 이름을 끊임없이 되뇌어 보자. 그러면 신기하게도 메아리처럼 그 부름에 대한 답이 꼭 온다.

28

의뢰인을 내편으로
만드는 법

디자인은 '내'가 아니라 '우리'가 하는 일이다. "직접 디자인을 수행하는 디자이너와 제안(혹은 시안)을 받는 의뢰인이 함께 만들어 가는 일이다." 이런 생각으로 디자인에 임하면 디자이너 입장에서도 마음이 불안하지 않고 든든하다. 가장 까다로운 의뢰인이 함께 일하는 동료라고 생각한다면 얼마나 안심이 되는 상황인가. 의뢰인의 입장에서도 적극적인 프로젝트 참여는 자신의 브랜드를 객관적으로 바라보는 기회가 된다. 다만 이렇게 하려면 몇 가지 선행되어야 할 것이 있다.

일단 서로에 대한 이해도부터 높여야 한다. 디자이너는 의뢰인이 하는 사업 내용이 무엇이며 이 사업을 통해 꿈꾸는 비전과 구현하고자 하는 가치가 무엇인지 집요하게 물어야 한다. 마치 의뢰인이 된 것인 마냥 최대한 알고 느끼려 해야 한다. 반대로 의뢰인도 디자이너가 뭘 잘하고 어떤 부분에 강점이 있는지를 알아야 한다. 내가 가진 문제 중 어떤 부분을 도와줄 수 있는지 잘 파악해야 한다. 그러기 위해서는 상호 커뮤니케이션이 중요하다. 만약 상호 간에 이해와 소통이 이뤄지지 않는다면

디자인 프로젝트는 출발부터 제동이 걸리거나 가다가
멈춰 설 가능성이 무척 크다.

또 하나 중요한 것은 디자이너가 디자인을 제안하는
방식이다. 디자인에 사실 단 하나의 유일한 정답은 있
을 수 없다. 그래서 제안을 할 때는 정답이라고 확신하
는 단 하나만을 주장하기보다는 내가 고민하고 연구한
과정의 방향성 모두를 보여주는 게 좋다. 다방면으로 치
열하게 고민한 생각들을 펼쳐 놓고 함께 고민할 수 있는
분위기를 만드는 것이 중요하다. 이는 각각의 방향에 어
떤 장점이 있고 어떤 단점이 있는지 대화하면서 더 좋은
결론을 내릴 수 있는 분위기를 말한다. 어떤 디자인이
더 낫다가 아니라 더 적합한지를 선택하는 과정이라고
도 할 수 있고, 어떤 선택을 강요하기보다 조금은 완곡
한 주장을 통해 제안을 받는 입장에서 스스로 결론을 채
울 수 있도록 여지를 남겨두는 것이라고도 할 수 있다.
내가 정답이라고 말하지 않아도 상대가 정답을 말할 수
있도록 하는 일종의 열린 결말의 방식이다.

이런 방식은 의뢰인 입장에서 자신이 디자인 프로젝

트에 깊이 관여하고 있다는 생각을 하도록 해준다. 스스로 제안 깊숙이 들어와 있다는 기분을 갖게 되면 여러 가지 선택지 사이에서 아이디어를 추가할 수도 있고, 어떤 방향이 적합한지 심도 있게 고민할 수도 있다. 디자이너 입장에서는 함께 의사결정을 할 수 있도록 먹을거리가 풍부한 밥상을 차려 주는 역할이라고 보면 된다. 의뢰인의 디자인 관여를 간섭으로 생각해서는 안된다. 함께 방향성을 상의하는 것으로 생각하는 것이 더 중요하다. 결국 좋은 선택을 하도록 유도하는 것이 디자이너의 능력이고 실력이다.

의뢰인의 의견을 사전에 충분히 반영한다는 것은 굉장한 에너지가 들어가는 일이다. 하지만 이런 제안의 효과는 상당하다. 디자인 결과가 오직 디자이너 혼자만의 것은 아니고, 의뢰인의 것이기도 하기 때문이다. 함께 주고받는 가운데에서 더 나은 결과를 찾아가는 과정이 내가 생각하는 이상적인 디자인 프로세스이다.

특정 브랜드의 디자인 하나 때문에 기업의 생사가 왔다 갔다 하지는 않는다. 하지만 일방적인 소통으로 브랜드가 잘못된 방향으로 가게 됐을 때는 얘기가 다르다. 브랜드의 생존 자체를 위협할 수도 있다. 그러므로 디자이너는 디자인 자체의 완벽한 결과물도 중요하지만 프로젝트 진행 과정에서의 소통의 중요성 또한 잊지 말고 지속적으로 점검해야 한다. 함께 만들어 간다는 느낌은 협업을 하는 파트너 사이에서도 중요하다. 이런 과정이 서로간의 믿음을 단단하게 쌓아가는 과정이 된다.

파트너 사이에 금전적인 보상은 중요하다. 하지만 일 자체에서 느끼는 보람 또한 그에 못지 않게 중요하다. 프로젝트를 통해 각자가 성장하는 기분을 느끼고, 프로젝트에 기여하고 있다고 생각될 때 둘 사이에 시너지가 발휘된다. '우리'로 일한다는 느낌을 주기 위해서는 그리고 좋은 파트너십을 만들기 위해서는 서로가 함께 만들어 가고 있다는 느낌이 중요하다. 나 혼자서 하는 일이 아니라 나를 찾아 준 의뢰인과 나를 도와주는 파트너들과도 함께 일한다는 기분은 혼자 일하는 상황을 외롭지 않도록 한다. 혼자 일하는 것이지만 결국 다 함께 일하는 것이다.

29

의사 결정을
디자인한다는 것

예전과 비교하면 기업들의 의사결정 과정이 많이 달라졌다고는 하지만 여전히 규모가 있는 곳들은 하나의 안건을 검토하는 데에 꽤 많은 시간과 절차를 필요로 한다. 의사 결정권자에게 직접 보고하면 하루면 될 일인데, 복잡한 과정을 거쳐야 할 때도 많다. 여러 사람들 의견과 손을 거치게 되면 놓치기 쉬운 것들을 발견할 때도 있지만 처음의 생생한 기운은 사라지고 뭔가 어정쩡한 결과만 남게 될 때도 있다. 이럴 때는 숙성의 시간을 거칠수록 좋은 결정을 할 수 있다는 조언이 원망스럽기 그지없다.

내가 경험한 브랜드 디자인 분야 중에서 가장 복잡하고 의사 결정이 어려웠던 프로젝트는 어느 대학의 아이덴티티 작업이었다. 다음부터는 웬만하면 피하고 싶은 마음이 들 정도로 보고와 설득의 과정이 복잡하고 까다로운 곳이었다. 그 이유는 여러 가지가 있겠지만, 무엇보다 의사결정을 위한 주체들이 너무 많은 게 문제였다. 이사회부터 총장 및 교직원, 교수회, 총학생회에서 동문회까지, 여기에 외부 전문위원까지 있으니 그야말로 촘

촘한 의사결정의 끝판 왕을 만난 기분이었다. 일단 관계자의 눈높이에 맞춰야 하고, 자신의 분야에서 일가를 이룬 교수님들의 의견에 대해서도 논리적으로 답할 수 있어야 했다. 그런 다음 세대 차이가 있을 수밖에 없는 학생회와 동문회까지도 공감 포인트를 잡아서 한번에 설득해야 했다. 외부 전문가들의 어드바이스도 챙겨 디자인 안에 반영하는 시늉도 해야 했다. 산 넘어 산 같은 기분이 들지 않을 수 없었다.

이런 의사 결정 과정을 경험하면서 브랜드 결정이라는 것이 관계에 의해, 관계 속에서 선택된다는 생각을 많이 했다. 즉, 여러 주체의 '의사 결정과 선택을 디자인하는' 작업이라는 것이다. 그러니 실질적인 시각적 결과물을 만들기 위한 시간과 노력보다 관련자들의 의견을 조율하는 것에 대부분 에너지를 써야 했다. 그렇다면 이렇게 순차적인 의사결정 과정을 거치며 진행된 프로젝트가 반드시 좋은 결과물을 보장하느냐? 또 그런 것은 아니었다. 오히려 낯설고 어색하다는 이유로 반대에 부딪혔던 안들이 결과적으로는 더 나은 디자인인 경우도 있었다. 결과적으로 이런 과정을 몇 번 경험해보고부터는 당사자들의 빠른 의사 결정을 유도하려면 우리의 제안이 선택하기 쉽도록 디자인될 필요가 있겠구나 하는 생각을 했다.

가령 위 대학의 경우 총 네 개의 안을 생각해볼 수 있다. 첫 번째는 전체 이해 당사자들의 관점을 나름대로 모두 담아낸 안, 두 번째는 대학의 주인이라 할 수 있는 재학생들의 의견을 담은 안, 세 번째는 일반인들이나 외부에서의 인식과 바람을 담은 안, 마지막 네 번째는 이 사회와 교직원들이 바라는 방향을 담은 안. 이렇게 네 개의 그룹을 상정해 두고 각각의 선호도가 높을 수 있는 디자인을 제안한다면 각 그룹의 당사자들은 자신들의 의견이 반영되었다는 기분을 갖게 된다. 그리고 실제 결정되는 안에 있어서도 반발심보다는 좀 더 호의적인 마음을 갖게 된다. 그렇게 되면 반대를 위한 반대나 트집 잡기도 사라진다.

좋은 디자인을 하는 건 기본이다. 거기에 더해 정확한 의사 결정을 할 수 있도록 돕는 것도 디자인 회사의 몫이다. 지금은 많이 쓰는 말이 아니지만 시각디자인을 '비주얼커뮤니케이션'이라고 하는 걸 생각해보면 디자인은 '소통과 선택의 방식을 조정하고 구성하는 일'이라는 생각이 든다.

디자인 프로젝트의 의사결정에서 다양하고 복잡한 필터를 통과해야만 반드시 좋은 결과가 만들어지는 것은 아니다. 무조건 많은 시간을 들여 결정하는 방식도 바람직하지 않다. 신중하고 진지하게 차분히 준비하되 결정을 할 때는 최대한 빠르게 하는 것이 좋다. 그래야 프로세스가 제대로 작동하는 기분도 들고, 선택에 대한 보람도 더 크게 느낄 수 있다. 1인 회사라면 더더욱 이런 설계를 치밀하게 해서 하지 않아도 될 고민과 논란에서 벗어나는 지혜가 필요하다. 우리에게는 시간이 곧 비용이기 때문이다. 사업은 다음 프로젝트를 할 수 있는 시간을 버는 일이라는 것을 잊으면 안 된다.

30

최신 감각을
유지하기

디자이너라면 반드시 갖고 있어야 하는 '감각'과 '논리'는 서로 상충되는 항목이면서도 둘 다 필요한 덕목이다. 그중에서도 감각(디자인적으로 표현하고 창조하는)은 가장 중요하다. 아무리 논리(이렇게 디자인한 이유)와 맥락(이 디자인이 최적인 이유)이 좋아도 감각이 없으면 디자인은 받아들여지기가 어렵다. 머릿속으로는 이해가 되지만 마음으로는 쏙 들어오지 않는 디자인을 채택하는 일은 없기 때문이다. 그렇다면 감각을 기른다는 것은 어떤 과정을 통해 가능할까?

첫 번째로, 나는 전시회를 자주 간다. 내가 전시회를 찾는 이유는 작가의 예술 세계 감상의 목적도 있지만 전시 현장 자체의 감각을 느끼기 위한 이유도 있다. 전시회 자체는 하나의 아이덴티티다. 전시회를 기획한 의도와 그걸 표현하는 공간과 인쇄물 등을 살펴보는 것은 제안된 아이덴티티를 어떻게 표현했는지 살펴보고 표현의 감각을 내 것으로 만들기에 적합하다. 그리고 공간을 중심으로 이루어지는 입체적인 전시 기획은 그래픽 중심의 작업이 많은 나에게 평소와는 다른 감각을 느끼게 해준다. 그리고 개인적으로는 전시회를 찾는 사람들의 패션에서도 많은 영감을 얻는다. 특히 트랜디한 주제를 다룬 전시회일수록 최신 감각으로 자신을 표현한 사람들이 더 많다. 때로는 전시물보다 이런 사람들을 살피는 것이 더 즐거울 때도 있다. 감각의 극단을 보여주는 예술품들도 좋지만, 현재의 감각을 보여주는 패션을 보는 것만으로도 사람들 마음과 유행이 어디에 와있는지 알 수 있다.

전시회 다음으로 감각을 키우기 위해 내가 자주 하는 일은 영화 보기다. 영화야말로 당대의 감각을 대표하는 종합 예술이자 문화이다. 영화 안에는 스토리, 무대, 연기, 미술, 음악 등 거의 모든 감각 장치들이 사용된다. 그래서 가장 쉽고 빠르게 감각을 취할 수 있는 수단이 되기도 한다. 나는 마니아 수준까지는 아니지만 영화나 영상 콘텐츠를 즐겨 보는 편이다. 스토리에만 몰입하지 않고, 화면을 구성하는 여러 디자인적 요소들도 빼놓지 않고 함께 본다. 최근 넷플릭스의《오징어게임》에 나오는 무대 연출과 의상 연출을 보면서 대중 예술로서의 깊이와 감각도 배울 수 있었다.

음악도 감각을 익히기에 좋은 콘텐츠다. 음악은 시대의 변화에 따라 선호 장르가 바뀔 만큼 트렌드에 민감하다. 특히 대중음악의 가사에는 당대의 사회 분위기가 그대로 옮겨져 있다. 그래서 탑 텐 하는 정도의 노래는 꼭 챙겨 듣고 가사도 꼼꼼히 살핀다.

이 외에도 어떤 인물로부터도 자극을 받는데 얼마전에 갔던 미술 전시회에서는 손꼽히는 유명 패션 디자이너를 만난 적 있다. TV 출연도 자주 하는 분인데, 매체에서 그의 신선한 생각과 아이디어를 보면서 대단하다고 생각했던 분이었다. 그는 주변의 시선을 아랑곳하지 않고 작품들을 이리저리 세심하게 살피면서 열심히 메모를 하고 있었다. 패션 디자인과는 직접적인 연관성이 없는 순수 회화 전시였지만 영감 하나라도 얻어가려는 모습이 무척 보기 좋았다. 배우고 공부하는 진지함이 배어 있는 그분의 모습은 또 다른 감동을 주었다.

영화 플랫폼에서도 고수를 만난 적 있다. 넷플릭스가 나오기 전까지는 왓차플레이를 통해 영화를 주로 봤다.

왓차플레이에서는 나와 SNS로 연결된 이용자가 어떤 영화를 봤고 평점을 얼마나 줬는지 등을 알 수 있다(지금도 그런지는 잘 모르겠다). 나와 연결된 분 중에 유명 웹 디자이너 한 분이 계셨는데, 그분의 영화 목록을 보고 깜짝 놀라지 않을 수 없었다. 놀라움을 넘어 경이로움까지도 느껴졌다. 왓차플레이에 올라와 있는 영화 중 거의 보지 않은 게 없을 정도로 웬만한 영화는 다 본 것으로 나와 있었다. 그 정도의 리스트를 만들려면 하루에 한 편 이상씩은 봐야만 가능한 일이었다. 내가 지금까지 봐왔던 그분의 크리에이티브와 자유로운 발상의 원천은 바로 영화에서 시작되었구나 하는 생각을 하지 않을 수 없었다. 그분은 지금도 현역 디자이너로 활동하고 있으며 여전히 젊고 유쾌한 감각으로 후배 디자이너들에게 많은 영감을 주고 있다.

생물학적인 노화가 일어나고 해를 거듭하며 나이를 먹어 간다는 것은 건 어쩔 수 없는 일이다. 하지만 최신의 감각을 선보여야 하는 디자이너라면 시장을 눈여겨 보고 주의를 기울여야 할 필요가 있다. 이걸 트렌드 읽기라 불러도 무방하다. 전시회를 가고, 영화를 보고, 음악을 듣는 것이 가장 쉬운 트렌드 읽기 방법이다(책 읽는 것보다는 쉽지 않나?).

누구나 자신에게 맞는 감각 훈련법이 있다. 어떤 콘텐츠가 되었든, 어떤 상품이나 서비스가 되었든 사람들이 왜 좋아하는지, 나는 어떤 점이 좋았는지 리뷰해 본다면 느낌으로만 남을 감각들이 좀 더 선명하게 체계화되어 머릿속에 쌓이게 된다.

31

1인 회사의
글쓰기

나를 알리고 내 콘텐츠를 알려야 하는 상황이라면 글쓰기보다 좋은 장치는 없다. 영상 미디어가 유행인 시대지만 여전히 글의 힘은 크다. 여기저기 글이 퍼져 나가면 글을 쓴 사람도 주목받는다. 내 일을 알리고 나의 가치를 보여주는 데 있어 이보다 더 유용한 툴은 없다. 생각해보면 모든 콘텐츠는 글로 시작한다. 방송이나 영화의 스토리와 대본 등도 당연히 글로 되어 있다. 웹툰이나 웹소설도 그 기반은 이야기이다. 이야기는 글로 정리될 때 생명력을 얻는다.

비즈니스 영역에서 각종 보고서 쓰기와 기획서 쓰기 또한 하나의 글이고 문서다. 기획 흐름을 한 장의 글로 잘 풀어낼 수 있다면 백 장짜리 사업 계획서도 쓸 수 있다. 이메일은 또 어떤가? 대부분의 업무 처리가 이메일로 이뤄지는 요즘, 이메일 쓰기는 일을 잘하는지 그렇지 않은지를 평가하는 지표가 되기도 한다. 이메일 답변 하나만 봐도 이 사람이 어떤 방식과 어떤 마음으로 일하는지 금방 알 수 있다.

최근에는 글을 통해 대중들과 적극 소통하는 CEO(대

표 혹은 창업가)도 많아졌다. 글을 쓰다 보면 너무 솔직한 속내가 드러나 때로는 실수를 하는 등 단점이 없는 것은 아니지만, 회사를 가장 잘 알고 있는 CEO가 고객과 직접 소통하고 감정적인 교류를 한다는 것은 수억 원을 들여 광고를 하는 것보다 더 큰 효과를 거두는 것이기도 하다. 범접하기 어려울 것 같은 사람을 SNS를 통해 만나게 되면 자연스레 정서적 호감을 가지고 되고, 이는 브랜드에 대한 호감으로도 연결된다. 여기에서 연결 포인트는 바로 글이다. 그래서 글은 1인 회사를 하는 대표 입장에서 놓칠 수 없는 마케팅 툴이다(브랜드 설명문 작성을 예로 들며 글쓰기의 중요성을 앞서 말한 바 있다).

처음부터 글을 잘 쓰는 사람은 없다. 나도 그랬다. 게임방에서 친구들이 게임을 할 때 옆에 앉아서 블로그 글을 쓰고 동호회 게시판에 이런저런 글을 올렸다. 자연스레 글쓰기 훈련을 오랫동안 해온 셈이었다. 어떤 것이든 마음을 쓰면 더 알게 되고, 더 알게 되면 더 잘하게 된다. 자주 쓸수록 내 생각을 표현하기가 쉽고 논리도 단단해진다. 이런 과정을 거치다 보면 점점 더 나만의 콘텐츠라는 것이 자연스럽게 만들어진다. 이는 곧 나와 회사의 아이덴티티가 된다. 1인 회사를 시작하고서 이 같은 선순환의 경험을 많이 했다. 글을 통해 누군가를 알게 되기도 하고, 그로부터 디자인 일을 얻게 되기도 했다. 모두 글에서부터 시작되었다.

1인 회사를 준비하거나 자신만의 새로운 사업을 꿈꾸는 사람이라면 당장 내 생각을 공개적인 곳에 글로 써보는 연습을 해봤으면 좋겠다. 쉽지는 않다. 처음에는 마치 발가벗은 채로 광장에 홀로 서 있는 같은 기분도 든다. 하지만 그런 마음을 이겨냈을 때 나에게 더 많은 기회가 온다. 글을 남기기 위해 매일 하는 생각 훈련과 진지한 태도는 내가 어떤 일을 하더라도 진심을 갖고 임할 수 있도록 도와준다.

32

다양한 미디어의
활용

커피를 주문할 때는 웬만하면 머그잔에 담아 마시는 편이다. 머그잔에 담긴 커피가 일회용 종이컵보다 훨씬 맛있다. 똑같은 방식으로 추출한 커피인 데도 맛의 차이가 나는 건 신기한 일이다. 물론 내용물은 같아도 다른 점은 있다. 담긴 용기의 무게감이나 손에 잡히는 질감 등은 일회용 종이컵에서는 느낄 수 없는 감각이다. 하지만 이런 정도의 차이가 커피 맛까지 바꿀 정도인지는 모르겠다.

그런데 커피만 그럴까. 라면도 양푼 냄비에 먹는 라면이 훨씬 맛있다. 집에서는 별로였던 라면인데, 강한 화력의 가스버너 위에서 보글보글 끓여지는 라면은 먹기도 전에 이미 눈으로 맛을 느끼게 된다. 야외 공원의 은박 접시 위에서 끓여지는 라면도 매력적이다. 다 같은 브랜드의 라면을 먹는 대도 끓이는 용기에 따라 맛이 다르다. 진짜 맛 자체가 변하는 걸까 아니면 내 혀끝의 변화 때문일까.

같은 회화 작품도 그게 어디에서 표현되느냐에 따라 느낌이 많이 달라진다. 캔버스 위에 두툼한 유화로 그려

낸 모네의 연꽃 시리즈를 파리의 작은 미술관에서 관람했던 적 있다. 책에서 본 느낌과는 다르게 상상을 초월할 정도로 몽환적이었다. 환상적인 색채에 매료되어 한동안 정신이 멍해질 정도로 쳐다봤다. 마치 꿈을 꾸는 것 같기도 했고, 연꽃이 가득한 호수 위를 걷는 듯 착각이 들기도 했다. 그림이 있던 전시 공간은 아주 크지도 웅장하지도 않은 아담한 공간이었다. 공간과 장소가 그림의 느낌을 더 극대화했는지도 모르겠다. 똑같은 그림을 제주도의 디지털아트로도 본 적 있다. 미술관에서 본 감동을 그대로 재현하지는 못했지만, 디스플레이 위에 구현된 모네의 연인들과 연꽃들은 마치 애니메이션 영화 속으로 걸어 들어가는 듯한 느낌을 주었다.

똑같은 콘텐츠(디자인과 브랜딩에 관한 글)를 페이스북에도 인스타그램에도 동시에 올리고 있다. 내용은 같지만 담아내는 그릇이 페이스북인지 인스타그램인지에 따라 읽는 사람의 반응은 무척 다르다. 페북에서 싸늘했던 어떤 콘텐츠가 인스타그램에서는 하루 만에 팔로워가 몇백 명이 생길 정도로 폭발적이기도 하고 그 반대인 경우도 있었다. 사실 나조차도 같은 글인데 페북에서 읽을 때와 인스타에서 읽을 때의 태도는 미묘하게 다르다. 아마도 내 글을 읽는 다른 사람들도 나처럼 생각할 것이다. 각 플랫폼을 구성하는 타깃과 노출 범위는 달라지겠지만 이렇게 다른 반응이 온다는 것은 참 신기한 일이다.

오랫동안 브랜딩 프로젝트 업무를 하다 보니 관련해서 배운 것들이 많았다. 혼자만 알기에 아까워 카카오 채널을 만들어 한 주에 하나 정도의 콘텐츠를 발행했던 적이 있다. 그런데 아시다시피 카카오톡은 굉장히 사적인 대화를 나누는 공간이라 갑자기 일과 관련된 진지한 콘텐츠가 오가는 게 맞는지 고민스러웠다(요즘은 카톡이 사적인 대화는 물론이고, 각종 공공 기관의 알림을 비롯해 정보 수신 채널로도 충분히 쓰이고 있다). 또 하나는 아무리 좋은 내용이라도 콘텐츠의 신뢰감을 줄 수 있는지도 의문이었다. 이런 생각에 이르니 내가 발행하는 콘텐츠가 이곳에 맞지 않는다는 생각이 들었다. 몇 개월간 쌓아온 콘텐츠가 아깝긴 했지만 포기하고, 대신 뉴스레터를 쓰기 시작했다. 이메일이라면 조금은 사무적이고 업무적인 성격이 강하더라도 거부감 없이 받아들일 것으로 생각했다.

이처럼 내용도 중요하지만 그것을 담아내는 그릇도 중요하다. 미디어가 여러 형태로 많아졌고 각각의 형태도 전용하는 구독자에 따라 달라진다. 똑같은 내용이라도 어디에 올라가느냐에 따라 냉대받던 아이템이 극진한 환대를 받을 수도 있다. 이 그릇에 담겼을 때는 인기 없던 콘텐츠가 다른 그릇에 담겼을 때는 반짝하고 빛을 발할지도 모른다. 그러므로 내용이 가진 본연의 가치를 키워가는 것도 중요하지만, 그 가치를 제대로 인정받고 받아줄 만한 그릇을 찾는 것도 중요하다. 딱 맞는 그릇을 잘 발견하고 실험해 보는 노력도 콘텐츠를 꾸준히 만드는 것만큼 필요하다.

그리고 이런 것도 고민해봐야 한다. 그릇의 선택과 그릇이 주는 이미지가 우리 회사의 아이덴티티를 결정하는 요소가 되기도 한다는 것을 말이다. 그러니 콘텐츠를 만드는 것만큼이나 이 콘텐츠가 어디에서 가장 빛날지 파악하는 것도 중요하다.

33

두 가지를
한 번에 생각하기

창업 초기부터 손가락만 한 두께의 노트를 거의 매일 쓰고 있다. 휴대폰이나 컴퓨터로 하는 기록도 좋지만 종이의 질감이나 펜의 필기감이 주는 경험도 좋아 사용을 멈추지 않고 있다. 타이핑에 비해 다소 느린 필기 속도는 내용을 완성하는 동안 생각을 교정할 수 있는 시간을 벌어다 준다. 사각사각 필기해가며 종이 위에 작성된 생각들을 보고 있으면 아이디어를 정교하게 다듬기도 좋다. 타닥타닥 자판을 때려서 만들어낸 티끌 하나 없는 모니터 속 기록보다는 글자와 그림이 어지럽게 적혀 있는 노트가 생각의 온기를 담은 수제 아이디어가 될 가능성이 크다.

처음 노트를 쓸 때는 일과 프로젝트 중심으로만 기록했다. 그러다 중간중간 떠오르는 개인적인 관심사가 있을 때는 필기구의 색을 바꿔가면서 회사 일과 개인적인 일을 구분하며 노트를 썼다. 그런데 성격이 다른 두 가지 생각이 하나의 노트에 섞이다 보니 보기에 좀 혼란스러운 점이 없지 않았다. 둘 다 내 머리에서 나온 것은 맞지만, 일터와 일상 공간을 나누듯 아이디어도 확실히 나

뉘야 정리하기에도 쉽겠다는 생각을 했다. 스위치를 누르듯 생각의 성격을 전환하기 좋은 노트, 양쪽의 다른 생각을 찾아보기 쉬운 노트, 좌뇌와 우뇌가 함께 있는 두뇌 같은 노트가 있었으면 좋겠다는 생각이 들었다. 그런데 그런 노트가 있을 리 만무했다. 이참에 노트 기획을 한 번 해볼까도 싶었지만, 그러기에는 너무 많은 에너지와 비용이 드는 일이었다.

그러다 기존 노트를 쓰면서도 필요한 조건을 만족하는 방법을 생각해 냈다. 노트 자체를 바꿀 게 아니라 쓰는 방법을 조금만 바꾸면 되는 일이었다. 방법은 아주 간단했다. 일이나 프로젝트와 관련된 메모 등은 앞에서 채워나가고, 개인적인 생각과 감상 등을 쓸 때는 노트를 한번 뒤집어서 뒤쪽에서 채워나가는 것이었다. 이렇게 하면 마치 좌뇌와 우뇌의 역할이 다르듯 두 개의 분리된 생각을 노트 한 권에 담을 수가 있었다. 한 개의 독립된 테마가 아니라 일과 일상이라는 두 개의 테마가 담긴 노트인 셈이었다. 어느 방향으로 봐도 하나의 완벽한 노트라는 형태는 유지하면서 말이다. 그렇게 양쪽의 생각을

창업 기간 내내 써왔던 노트들. 펼쳐보면 그동안 있었던 여러 생각의 변화를 한 눈에 확인할 수 있다.

오가면서 노트를 채워가다 보면 두 생각이 한 지점에서 만난다. 그때 한 권의 노트가 완성된다. 이렇게 쓴 노트는 두세 달에 하나 정도, 일 년이면 다섯 권 정도가 나왔다. 실제로 1인 회사를 하는 5년 동안 스무 권 정도가 쌓였다. 이 기록을 다시 펼쳐 볼 일은 그리 많지 않다. 하지만 노트 한 권을 손수 기록하면서 단련한 생각의 근육은 노트 두께만큼이나 촘촘하고 밀도 있게 내 자산으로 남아 생각의 힘을 뒷받침해 주고 있다.

1인 회사는 기록하는 방법도 달라야 한다. 혼자 쓰더라도 두 사람의 머리가 쓰는 것처럼 더 효율적이고 생산적으로 써야 한다. 또한 깨지지 쉬운 업무와 일상의 구분 것도 중요하다. 경계가 흐릿해지면 생각도 꼬이고 생활 패턴도 깨지기 쉽다. 이럴 때 업무와 일상을 구분한 '듀얼 노트' 같은 것을 활용하면 좋다. 머릿속의 뇌는 쪼갤 수 없지만 분리할 수는 있다. 꼭 노트가 아니더라도 일에 관한 아이디어는 A사 메모 앱, 개인적인 아이디어는 B사 메모 앱, 이렇게 구분 지어 쓰는 것도 좋다. 갑자기 듀얼 CPU를 가진 슈퍼 컴퓨터 같은 뇌를 가지는 것

은 아니지만 균형 잡힌 생각과 다양한 아이디어들을 떠
올리는 데에 많은 도움을 줄 것이다.

당연한 건
하나도 없다

회사라는 울타리 안에 있을 때에는 프로젝트는 당연하게 발생하는 거고, 할 일은 반드시 있고, 급여는 당연히 나온다는 생각을 했다. 그런 생각을 너무나 당연하게 했던 이유는 회사에서 일어나는 일에 무심한 것도 있었지만 일단 내 일을 하기에도 벅찬 현실 때문이었다. 그리고 회사 경영과 관련해 내가 세세히 알아갈 이유도 없다고 생각했다. 나는 디자이너고, 그 일은 내 일이 아니라여겼다.

하지만 직장을 나와 독립을 선언하고 불과 1개월을 채 넘기기 전에 알게 되었다. 내가 가만있으면 누구도 나를 위해 일을 주지 않고, 그 어떤 일도 발생하지 않는다는 것을. 그때야 비로소 전에 다녔던 회사들의 운영 상황을 돌아보게 되었다. 그리고 회사에 다닐 때는 잘 보이지 않던 것들이 보이기 시작했다. 프로젝트 수주는 누군가가 몸으로 부딪치고 직접 발로 뛴 결과물이었고, 나에게 계속 일이 주어졌던 것은 그 사람이 그 일을 멈추지 않고 잘 해왔기 때문이었다. 그리고 매달 들어오는 급여도 보이지 않는 곳에서 각자가 맡은 바 소임을 한 치의 오차도 없이 처리했기에 꼬박꼬박 내 월급 통장으로 입금된 것이었다.

이렇게 아주 기본적인 상황들이 왜 조직 안에 있을 때는 하나도 보이지 않았던 걸까. 그렇다고 주인 의식과 책임감 없이 회사를 다닌 것도 아니었는데 말이다. 지금 생각해보면 내가 다녔던 회사들이 그런 걱정 없이도 맡은 일에만 집중할 수 있도록 해주는 안정적인 회사여서 그랬던 것 같다. 가장 중요하고도 어려운 것이 너무 잘

되고 있으니 별일 아닌 것처럼 생각되었던 것이다.

그러다 회사의 주인이 되고 나니 안정적인 상황이란 것이 요원하게만 느껴졌다. 계속해서 문제가 발생하고 문제를 해결하기 위해 이러저리 자원을 끌어다 쓰고, 그 탓에 불균형이 초래되고. 이전 직장처럼 안정된 곳이 되려면 도대체 얼마의 시간이 더 필요한 걸까? 힘들 때마다 이 질문을 하지 않을 수 없었다.

이 질문은 지금도 여전히 현재 진행형이다. 1인 회사를 하게 되면 회사 경영이나 재정 문제 외에도 고민할 게 많아진다. 막내 사원이 하던 사소한 일에서부터 대표가 하던 일까지 해내야 한다. 어느 날은 기획팀 대리였다가, 어느 날은 영업팀 과장이었다가, 경영지원팀의 대리가 되기도 한다. 그리고 밖에 나가서는 회사를 대표하는 사람이 되어야 할 때도 있다. 하나의 역할만 잘하면 그만이었던 직장 생활과는 많이 다를 수밖에 없다. 주요 업무인 디자인도 예외는 아니다. 예전 회사에서 수행했던 프로젝트들보다 산업의 성격도 더 다양해지고 규모도 제각각이다. 때로는 그룹사를 위한 디자인을 하다가

때로는 이제 막 오픈한 가게를 위한 디자인도 해야 한다.

어느 날은 나와 비슷하게 1인 회사를 운영하는 친구에게 이런 말을 했다. "나는 기획도 해야 하고(기획자), 카피도 써야 하고(카피라이터), 네이밍도 해야 한다(네이미스트). 여기에 시장 조사도 해야 하고(마케터), 프로젝트를 위한 스토리도 짜야 한다(기획자). 그림도 그려야 하고(일러스트레이터), 디자인도 해야 한다(디자이너). 그런 다음 견적서도 써야 하고(경영지원팀장), 회사 평판 관리도 신경 써야 한다(PR담당자). 그리고 디자인 의뢰를 하는 분들을 대상으로 상담 요청 전화도 받아야 한다(CS담당자)."

한참 동안 내 말을 듣고 있던 친구는 우리는 이미 '본캐'가 분열되어 다양한 '부캐'로 살고 있다고 했다. 조금은 과장해서 한 표현이긴 하지만 나 같은 1인 회사는 그만큼 혼자 해내야 할 역할과 일이 직장에 있을 때보다 몇 배나 많다. 이런 이유 때문인지, 내 주변 혼자 일하는 디자이너들은 대부분은 주말이면 그럴듯한 취미 활동

없이 거의 무중력 상태로 집에만 있다.

많은 역할을 한다는 것이 버겁기도 하지만, 점점 더 내 안의 야생성이 살아난다는 생각이 들때면 개인의 역량이 올라가는 것도 느낀다. 그리고 무엇보다 넓어진 시선에 대한 자부심도 생긴다. 혼자서 많은 일을 처리하고 부족한 부분은 다른 이들로부터 도움을 받고 관계에 대한 생각도 해보면서 나와 인연을 맺어 온 사람들에 대한 소중함을 한 번 더 생각해보게 되었다. 이들이 내미는 손길 하나하나는 조직에 있을 때와는 차원이 다른 소중함으로 다가온다. 비로소 작은 것 하나, 작은 인연 하나가 얼마나 소중한지 절실히 깨닫게 된다.

"회사를 벗어나 독립을 결심했다면, '당연한 건 세상에 하나도 없다'는 명제를 먼저 떠올려라. 그러면 내가 어떤 걸 어떻게 준비해야 할 지 알 수 있을 것이다."

사업을 시작할 때도 운영할 때도 가장 경계해야 할 단어가 '당연함' 아닐까 싶다. 어떤 결과를 당연하게 느끼는 것과 당연하지 않다고 생각하는 것에는 고마운 태도를 갖느냐 갖지 않느냐로 연결된다. 아주 작은 것을 소중히 할 줄 알고, 그동안 당연하다고 생각한 것을 당연하지 않다고 생각하는 태도. 이런 태도는 결국 1인 회사의 진정성과 같다. 가진 것이 1도 없는 1인 회사에게 진정성은 가장 중요한 요소임에 틀림없다. 나에게 공감해주고, 호의적으로 바라보는 고객이 많으면 많을수록 1인 회사의 생존 확률은 높아진다. 당연하다고 생각하는 것들에 진정 고마워 할 때 성공한 1인 사업가가 될 수 있다.

일인 회사의 일일 생존 습관: 스스로 브랜드가 되는 법

초판 1쇄 발행 2023년 1월 2일
초판 2쇄 발행 2023년 2월 13일

지은이 우현수

발행인 김옥정
편집인 이승현
디자인 스튜디오 허밍(표지), 페이지엔(본문)

펴낸곳 좋은습관연구소
주소 경기도 고양시 후곡로 60, 303-1005
출판신고 2019년 8월 21일 제 2019-000141

이메일 buildhabits@naver.com
홈페이지 buildhabits.kr

ISBN 979-11-91636-48-2

좋은습관연구소에서는 누구의 글이든 한 권의 책으로 정리할 수 있게 도움을 드리고 있습니다. 메일로 문의주세요.